THÉATRE BEAUMARCHAIS.

LA COMTESSE DE MORANGES,

DRAME-VAUDEVILLE EN TROIS ACTES,

PAR M. JULES DE PRÉMARAY,

Représenté pour la première fois, à Paris, sur le Théâtre BEAUMARCHAIS
le 7 Novembre 1845.

Prix : **60** centimes.

PARIS,
BECK, ÉDITEUR,
RUE GIT-LE-CŒUR, 12.
TRESSE, successeur de J.-N. BARBA, Palais-Royal.

1845.

THÉÂTRE BEAUMARCHAIS.

LA COMTESSE DE NORANGES,

DRAME-VAUDEVILLE EN TROIS ACTES,

PAR M. JULES DE PRÉMARAY,

Représenté, pour la première fois, à Paris, sur le Théâtre BEAUMARCHAIS
le 7 novembre 1845.

Prix : 60 centimes

PARIS,
BECK, ÉDITEUR,
rue des Beaux-Arts, 12,
TRESSE, successeur de J.-N. Barba, Palais-Royal.

1845.

LA COMTESSE DE MORANGES,

DRAME-VAUDEVILLE EN TROIS ACTES,

PAR M. JULES DE PRÉMARAY,

Représenté pour la première fois sur le théâtre Beaumarchais, le 7 novembre 1845.

DISTRIBUTION DE LA PIÈCE.

Personnages.	Acteurs.
LE COMTE DE MORANGES.........	MM. ARTHUR.
YVON, matelot.	LEBAILLY.
LE CHEVALIER DE MIREBELLE...	GASTON.
LE MARQUIS DE FARIBOLLES....	VIDEIX.
LE BARON DES BUISSONS........	BOURGUIGNON.
DE BRETEUIL...	Mlle BOURGEOIS.
JÉROME, fermier.	M. DÉSIRÉ.
PETIT JEAN, garçon de ferme...	Mlles JUANA.
SOPHIE, comtesse de Moranges.	ALICE BARDET.
MARINETTE, sa suivante.	PAULINE POTEL.
GARÇONS ET FILLES DE FERME.	

L'action se passe sous Louis XV. — Le premier acte à Dunkerque; le second à Versailles.

ACTE PREMIER.

Un salon ouvert sur une galerie d'où l'on découvre la mer au château de Moranges à Dunkerque. Portes à droite et à gauche.

SCÈNE PREMIÈRE.

Une table, richement servie, autour de laquelle sont assis : LA COMTESSE, au milieu, fesant face au public; à sa gauche, LE COMTE; à sa droite, DE MIREBELLE, et ensuite DES BUISSONS, et FARIBOLLES; MARINETTE se tient derrière le fauteuil de sa maîtresse.

(Tous chantent excepté la comtesse.)

CHŒUR.

Air : *Du tambour major*. — « Allons, allons, mes « amis buvons. (*Perle de Morlaix*, acte second.)

Allons, allons gaîment célébrons,
Par nos compliments et par nos chansons,
D'un hymen prospère
Cet anniversaire :
Oui tous, à plein verre,
Nous le célébrons.

DE MIREBELLE. — Messieurs, un toast à la belle comtesse de Moranges !

TOUS, *excepté le Comte.* — A la belle comtesse de Moranges !

LE COMTE. — Messieurs, par modestie, je change la formule : (*Élevant son verre.*) à ma femme !

DE MIREBELLE. — Heureux comte, qui peut changer la formule !

LA COMTESSE, *tendant la main au comte, qui l'embrasse.* — Plus heureuse comtesse qui peut l'en remercier.

LE COMTE. — Messieurs, nous sommes dans mon château, près de Dunkerque, je commande un des vaisseaux de Sa Majesté... à la mémoire de Jean-Bart !

TOUS. — A la mémoire de Jean-Bart !

Reprise du chœur, après lequel on se lève, et les valets emportent la table.

LE COMTE. — Comtesse, remerciez ces messieurs, qui ont retardé leur départ pour la cour afin de m'aider à fêter l'anniversaire de notre mariage.

LA COMTESSE. — Je leur en sais d'autant plus de gré que vous, baron Des Buissons, vous êtes un adorateur du petit lever.

1846

DES BUISSONS, *poussant un gros soupir, à part.* — Ah !

LA COMTESSE. — Vous, marquis de Faribolles, un amateur de la musique entendue des coulisses.

FARIBOLLES, *soupirant.* — Ah !

LA COMTESSE. — Vous, enfin, chevalier de Mirebelle, tout le portrait du duc de Richelieu.

DE MIREBELLE. — Pardon, il trouve toutes les femmes jolies, et depuis que je vous ai vue, Madame, je ne lui ressemble plus.

LE COMTE. — Bravo !

FARIBOLLES. — Non, fade !

DES BUISSONS. — Trouvez-en autant ?

FARIBOLLES. — Et vous ?

LA COMTESSE. — Messieurs, messieurs, la paix... Quand on ne dit rien de spirituel c'est qu'on pense.

DE MIREBELLE. — Et ces messieurs pensent beaucoup.

LE COMTE. — Eh ! mais... de la méchanceté ! On se croirait à la cour, que je n'aime pas, vous le savez... Vous, messieurs, c'est différent ; vous ne l'avez quittée, comme tant d'autres gentilshommes, qu'afin d'assister à la fête magnifique que Dunkerque a donnée pour honorer la mémoire de Jean-Bart.

SCÈNE II.

LES MÊMES, YVON.

YVON, *criant.* — Vive Jean-Bart !

TOUS, *se retournant et riant.* — Hein ?

YVON, *honteux.* — Pardon, capitaine... c'est qu'en entendant ce nom-là c'est plus fort que moi... Jean-Bart, nom d'un sabord !

LA COMTESSE, *riant.* — Eh bien ! eh bien !

LE COMTE. — Excusez-le, comtesse... il se croit toujours sur le tillac... Où vas-tu ?

YVON. — Je m'en retourne.

LE COMTE. — Alors, pourquoi venais-tu ?

YVON. — Ah ! oui... au fait... pourquoi ?..

LE COMTE. — Si c'est pour me demander quelque chose, plus tard... mais reste... Messieurs, je vous présente Yvon, un brave matelot que j'aime.

LA COMTESSE. — Que nous aimons.

LE COMTE. — Il a fait toutes mes campagnes, et quand je suis à terre il ne me quitte jamais.

DE MIREBELLE. — C'est bien, mon garçon.

YVON, *à part.* — Est-ce que je lui demande son avis.

FARIBOLLES. — C'est très bien.

YVON, *à part.* — Qu'est qui lui parle, à ce gros brik dépareillé ?

DES BUISSONS. — Parfait, mon ami.

YVAN, *à part.* — Le vieux démâté, qui s'en mêle.

DE MIREBELLE. — En un mot, brave marin à bord et fidèle domestique à terre.

YVON. — Domestique !

LE COMTE. — Messieurs...

Air : *Le premier c'est l'usage.*

Il est du peuple et j'en suis fier pour lui :
Car sa livrée est un noble uniforme.
Un serviteur ! non pas c'est un ami,
A mes égards pour lui que chacun se conforme.
Oui, par cœur il est plus que baron :
Aussi sa main dans ma main je la presse ;
L'amitié, lui fait un blason :
Elle a signé ses lettres de noblesse.

YVON, *à part.* — Attrape ! voilà toute la flottille coulée à fond. (*Haut.*) Merci, capitaine..

LA COMTESSE. — Messieurs, le temps est magnifique... une promenade sur la jetée.

DE MIREBELLE. — Excellente idée.... (*A part*). Je trouverai peut-être l'occasion de l'avoir un instant à mon bras.

LE COMTE. — C'est cela.. nous verrons les préparatifs de l'escadre, qui appareille ce soir... Dites donc, le roi... se montre bon prince : il sait que je suis heureux et me laisse tranquillement goûter au bonheur.

FARIBOLLES, *à part.* — Est-ce qu'il ne ferait qu'y goûter ?.. ah ! si j'étais à sa place !

DES BUISSONS. — Une chose bizarre, c'est que le commandant du *Neptune* n'est pas encore désigné.

LE COMTE. — Bah ! je sais de bonne source que Sa Majesté a jeté les yeux sur d'Aurenville... un garçon... Quand vous voudrez, messieurs.

FARIBOLLES, *poussant un gros soupir en regardant la comtesse.* — Ah ! (*Elle lui rit au nez.*)

DES BUISSONS, *même jeu.* — Ah ! (*La comtesse lui rit au nez également ; ils disparaissent par le fond, à gauche.*)

SCÈNE III.

YVON, MARINETTE.

MARINETTE. — Ah ! ah ! ah ! sont-ils laids, ces oiseaux-là.

YVON, *s'asseyant et apprêtant sa pipe.* — Tous !

MARINETTE. — Ah ! excepté le chevalier.

YVON. — Lui ?.. je ne sais pas pourquoi, mais je le trouve encore plus laid que les autres.

MARINETTE. — Tiens ! parce que vous n'avez pas de goût, donc.

YVON. — C'est possible... mais j'ai de l'instinct.

MARINETTE. — Moi, un joli garçon, dame ! je lui rends toujours justice, et ici on a si peu d'occasions.

YVON, *à part, allumant sa pipe*... — Merci!

MARINETTE. — Ce n'est pas comme là-bas, à Versailles... En voilà une drôle d'idée, à monsieur le comte... depuis un an qu'il est marié, s'ensevelir dans ce château, au bord de la mer... Madame la comtesse n'a pas encore été présentée, je vous demande si ça a le sens commun...

YVON. — Ça l'a.

MARINETTE. — Oh! pardi, vous!... mais moi... habituée à servir les marquises de l'œil de bœuf.

YVON. — L'œil de quoi?

MARINETTE. — Vous ne comprenez pas ça, vous autres petites gens.

YVON. — Mamzelle Marinette... les gros mots quand ça vient de vous... ça me fait du bien... allez toujours.

MARINETTE, (*à part*). — A-t-il l'air gracieux à parler à une femme.

YVON, (*à part*). — C'est drôle c'te fille là je l'aime et quand je suis devant elle... je me sens bête, mais bête !... Voyons il faut pourtant... que je lui déclare... (*Haut*). Mamzelle Marinette...

MARINETTE. — Fumez donc votre pipe...

YVON. — Ah! c'est juste, ça vous déplaît. (*Il la jette*). Cré nom d'un nom j'oublie toujours...

MARINETTE. — Vous n'oubliez pas de jurer.

YVON. — C'est vrai, ça vous déplaît encore. La première fois que ça m'arrive, mille tonnerre! allons bon!

MARINETTE. — Et quels jurons... si vous disiez : Palsembleu! ah! ce serait gentil au moins...

YVON. — Oui... ça vous rappellerais la cour que vous regrettez...

MARINETTE. — Ah! c'est que c'est bien plus amusant.

YVON. — Messieurs Champagne, Comtois, Bourgogne et toutes les provinces de France en habits galonnés.

MARINETTE. — C'est qu'ils ont une conversation bien plus agréable... et rapide ! ça va comme le vent. — Bonjour Marinette. — Bonjour Frontin. — Comment te portes-tu mon cœur? — Bien mon ange. — Je t'adore. — Parole?. — Parole! — Tu es un impertinent! mais je t'aime comme ça. Puis les baisers, les soufflets, ça se croisent, ça se mêle... On ne se marie pas, c'est vrai... mais on s'entend... et n'y a que la cour pour ça.

Air: *La feuille et le serment*.

Premier Couplet.

Auprès de Frontin Marinette
Fait la coquette;
Et quand il fait trop le muguet,
Crac! un soufflet,

Parfois aussi tourne la tête
On rit tout bas de sa défaite
Mais on n'en rit ma foi qu'un jour,
On fait serment de s'aimer sans retour;
Ça dure un jour.
Voilà comment ça se passe à la cour.

Deuxième Couplet.

Ce sont les mœurs de l'antichambre ;
Mais, à bien prendre,
Ces mœurs-là viennent du château,
Oui du château.
Plus d'un marquis sait y prétendre,
Et de lui l'on ne peut attendre
Fidélité sans nul retour :
Car du bel air le serment dure un jour,
Oui, tout un jour.
Voilà comment ça se passe à la cour.

YVON, (*à part*). — Oh! elle a beau dire... elle vaut mieux que tout ça... mais quand je suis là... près d'elle... je me sens un effet... ses yeux font passer un nuage sur les miens... Allons!... Voyons... c'est égal... du cœur... (*Haut*). Mamzelle Marinette.

MARINETTE. — Monsieur Yvon.

YVON. — Voilà ce que c'est..., je voulais vous dire... parce que... et... et... après... à moins que... pourtant je... (*A part*). Oh!... quand elle me regarde je perds pieds.... M'en fait-elle faire de ces plongeons, c'te fille là...

MARINETTE (*à part*). — Il reste encore en route.

~~~~~~

SCÈNE IV.

LES MÊMES *le* COMTE *et la* COMTESSE *arrivant, bras dessus bras dessous, de la gauche.*

YVON, *les désignant à Marinette*. — Hein? comme ça navigue de concert?... Quel joli ménage! et dire que...

MARINETTE. — Dire que quoi?

YVON. — Vous ne comprenez pas, mamzelle Marinette...

MARINETTE. — Eh! ramassez donc votre pipe... on va marcher dessus...

YVON, (*à part*). — Ma pipe! toujours ma pipe!... Je ne peux pas la demander en mariage. Ma pipe!

LE COMTE. — Ah! c'est vous, mes enfants, laissez-nous...

YVON. — Oui, capitaine.

LE COMTE. — J'ai à causer avec ma femme.

YVON, *à Marinette*. — Sa femme... et dire que...

MARINETTE, (*à part*). — Oh! Dieu! ce garçon-là donne sur les nerfs... Il n'achève rien... Si jamais il se marie...

ENSEMBLE.

Air : *du Puits d'amour.*

MARINETTE et YVON, *chantent seuls.*

MARINETTE.
Compter sur l'éloquence
D'un matelot,
J'en ris, lorsque j'y pense ;
Oh ! mais bientôt,
Il comprendra, j'espère,
Que, sans retour,
Je veux qu'il sache taire
Un sot amour.

YVON.
Peste de l'éloquence
D'un matelot !
C'est triste qu'en j'y pense ;
Oh ! mais bientôt,
Elle saura j'espère
Que, sans retour,
Je veux enfin lui plaire
Par mon amour.

SCÈNE V.

LE COMTE, *la* COMTESSE.

LE COMTE. — Oui, ma belle Sophie, vous avez l'air soucieux.

LA COMTESSE. — Moi ?

LE COMTE. — Etes-vous fâchée que le Roi ne m'ait pas désigné pour faire partie de l'escadre.

SOPHIE. — Oh ! Henri !... le pensez-vous ? moi qui suis si fière, si heureuse quand je me sens appuyée à votre bras... moi qui lève orgueilleusement la tête en songeant que je me nomme la comtesse de Moranges... moi, enfin, dont le cœur bat d'émotion, de bonheur, en pensant que je suis votre femme.

LE COMTE. — Pardon... c'est que nous autres marins, lors même que le temps est magnifique, nous appréhendons toujours le nuage qui peut poindre à l'horizon et annoncer la tempête.

Air : *Par là, ajoute à ma journée.*

A tort, souvent je m'inquiète :
C'est qu'en voyage et malgré le ciel pur
Un marin prédit la tempête,
Et veille encor dans le port le plus sûr,
Il veille encor dans le port le plus sûr ;
Mais doit-on craindre un danger éphémère ;
Quand le navire, à son bord protecteur,
A la vertu pour passagère
Et pour pilote le bonheur.

LA COMTESSE. — Henri, vous me gâtez... et puisque vous êtes en train, mon cher comte, il faut que vous m'accordiez une grâce.

LE COMTE. — Si c'est possible.

LA COMTESSE. — Ah ! vous avez déjà peur.

LE COMTE. — Peur, de ne pas être assez riche pour vous donner tout ce que vous demandez... mais, dussé-je faire fondre mes épaulettes, parlez rien ne me coûtera...

LA COMTESSE. — Oh ! je ne suis pas si exigeante.

LE COMTE. — Voyons, il s'agit sans doute de parures... vous n'en avez pas besoin pour être jolie, mais je vous sais coquette..

LA COMTESSE. — Vous croyez ?

LE COMTE. — Je t'en remercie, démon, car tu es mille fois plus charmante.

LA COMTESSE, *à part.* — Il me dit tu, c'est très bon signe.

LE COMTE. — Eh bien ?

LA COMTESSE. — Des parures, Henri..., puisque vous... oh ! je veux dire puisque tu me trouves belle sans cela, pour qui les mettrai-je dans notre triste solitude ?

LE COMTE. — Depuis un an que je l'habite avec vous, je n'aurai pas osé lui donner ce nom.

LA COMTESSE. — Grondeur !.. voyons.. vous savez bien où j'en veux venir... ces messieurs, le chevalier de Mirebelle surtout, ne cessent de me vanter le séjour de Versailles, la cour...

LE COMTE. — Ah !

LA COMTESSE. — C'est, disent-ils, un lieu de délices... de bonheur...

LE COMTE. — Je comprends... vous voudriez...

LA COMTESSE. — Y être conduite par vous. Nous y possédons une très belle terre, prête à nous recevoir. J'y ai passé les deux premiers jours de notre mariage, et j'ai hâte d'y retourner pour revoir les lieux témoins de mon premier bonheur.

LE COMTE. — Merci, pour le souvenir ; mais ne me demandez pas à aller à Versailles, Sophie.

LA COMTESSE. — Eh ! mais pourquoi ?

LE COMTE. — Parce que vous ne savez pas ce que c'est que la cour, telle qu'elle est aujourd'hui.

LA COMTESSE. — Ah ! mon Dieu !... vous me faites peur.

LE COMTE. — Vous croyez trouver à Versailles un grand roi, entouré de fidèles serviteurs, et vous n'y trouveriez qu'une courtisane, la Dubarry, qui gouverne à sa place... ce n'est pas à la reine qu'il vous faudrait plaire, c'est à sa belle et impure rivale. Oh ! Versailles n'est point un lieu de délices, madame la comtesse... Versailles, c'est la bastille pour les maris et le déshonneur pour les femmes... là les gentilshommes se couronnent de leur honte, comme nous autres, soldats, nous nous couronnons de nos blessures. Là, on rit du mot vertu et des sentiments qu'il fait naître...

Là, dans cette cour, dont je vous ai toujours éloignée, parce que je veux vous garder pure, là, Sophie, bientôt nous ne nous aimerions plus... Oh! la tête tourne bien vite, allez, et quand on est tombé, il est trop tard pour s'en apercevoir... Versailles, Versailles est un immense tapis vert, autour duquel s'agitent des milliers de joueurs sans loyauté, et dans cette grande partie qu'on nomme la cour, enfin, c'est toujours le plus lâche qui gagne! Maintenant, madame la comtesse, dites un mot, et nous partons pour Versailles.

LA COMTESSE. — Non... oh! non... c'est à mon tour de vous demander pardon... et comme c'est maintenant la seule grace que je réclame, vous serez un méchant si vous me la refusez.

LE COMTE. — Oh! tu es un ange!..

LA COMTESSE, à part. — Oui, mais un ange qui a plus que jamais envie de connaître Versailles. C'est singulier, ce qu'il m'en a dit excite ma curiosité à un point!...

LE COMTE. — Mais, tiens, j'aperçois Yvon qui se dirige de ce côté en se grattant l'oreille, comme quand il a quelque chose à me demander...

LA COMTESSE. — Accordez, monsieur, accordez à lui, puisque je ne demande plus, moi...

LE COMTE. — Et tu ne me gardes pas rancune?

LA COMTESSE. — Vous savez bien qu'on ne peut pas vous en vouloir! (*Elle entre à gauche.*)

SCÈNE VI.

LE COMTE, YVON.

LE COMTE, *seul*. — Oui, oui, la comtesse est coquette, spirituelle, jolie, Versailles lui deviendrait funeste. Elle a le cœur pur, ma femme, pourtant; mais d'aussi purs que le sien s'y sont flétris au souffle de la contagion (*Yvon paraît.*) Voyons, toi, depuis ce matin tu tournes autour de ton capitaine, qu'est-ce que tu lui veux?

YVON. — Voilà... Jusqu'ici ce que vous avez fait je l'ai fait... à ma manière... à l'abordage j'étais le second, parce que vous preniez la place du premier... dans tous nos combats, je n'ai jamais manqué d'être vainqueur parce que vous avez oublié d'être vaincu... Si, pressé par le nombre, vous vous étiez assis sur la sainte-barbe, j'y aurais mis le feu et nous aurions sauté ensemble avec le pavillon français... vous vous reposez depuis un an à terre... j'ai quitté l'eau, et je m'occupe à ne rien faire à côté de vous...

Air: *Turenne.*

Mais forcément ici, moi je m'arrête;
Car vous avez pris femme en débarquant,
Et cependant, j'ai mis là dans ma tête
De vous imiter...

LE CAPITAINE.

Bah! vraiment?

YVON.

Je parle sérieusement:
Du mariage, enfin risquant la chance,
Ainsi que vous capitaine, je veux
Essayer ma foi d'être heureux,
Pour compléter la ressemblance.

LE COMTE. — Ah! oui dà! tu prétends te marier!

YVON. — C'est bête, mais que voulez-vous?

LE COMTE. — Comment, tu trouves ça bête... et tu veux m'imiter?

YVON. — Non, non... je disais... que moi... un simple matelot... pas beau du tout... c'est une drôle d'idée... mais si vous saviez! je l'aimerais tant, ma femme... je l'entourerais de soins... je la suivrais partout, comme un caniche.

LE COMTE. — Ce sera bien amusant pour elle.

YVON. — Si ça l'ennuie, eh bien! elle voguera seule où il lui plaira... pendant ce temps, je lui ménagerai des surprises... je lui taillerai des petits canots dans des noix de cocos; je lui ferai des colliers avec des pois rouges d'Amérique... je lui ferai... non, c'est-à-dire... nous aurons des enfants, qui m'appelleront papa... (*Riant bêtement.*) Ah! ah! ah!.. me voyez-vous d'ici, un de chaque bras...

LE COMTE. — Un instant, drôle... des enfants... je n'en ai pas encore.. et puisque tu veux m'imiter en tout, attends...

YVON. — Oh! tonnerre! dépêchez-vous de commencer, capitaine... parce que pour ça je n'aurais pas de patience.

LE COMTE. — Enfin, tu veux te marier, donc tu es amoureux.

YVON. — Comme un requin.

LE COMTE. — Et celle que tu aimes?

YVON. — Mamzelle Marinette.

LE COMTE. — Une bonne et excellente fille... qui affecte souvent dans son langage les airs éventés des soubrettes de l'œil-de-bœuf.

YVON. — Ah! oui, elle m'a parlé de cet œil-là.

LE COMTE. — Mais au fond elle vaut mieux.

YVON. — C'est ce que je disais.

LE COMTE. — D'abord, ça prouve déjà en sa faveur d'avoir jeté les yeux sur toi.

YVON. — Ah! voilà... c'est qu'elle n'a pas jeté les yeux du tout.

LE COMTE. — Eh bien! alors, que viens-tu me chanter?

YVON. — Donnez-moi seulement votre consentement...

LE COMTE. — Tu es donc sûr?...

YVON. — Il n'y manquera rien.

Air: *A ces bosquet du sentiment.*

Je l'adore, elle me déteste,
Elle est charmante, je suis laid;
Contre moi sans cesse elle peste,
Bref mon physique lui déplait.
Quand je jure, elle est en colère,
Si je fume, elle est en courroux;
Oh! mais à cela près, j'espère,
Je lui conviendrai pour époux.

LE COMTE. — Mon garçon, tu ne me parais pas très avancé dans ses bonnes grâces... mais s'il ne te faut que mon consentement pour te porter bonheur...

YVON. — Vous me le donnez?

LE COMTE. — Et je me charge de la dot.

YVON, *sautant de joie.* — Vive le capitaine! vive Jean-Bart! vive moi! vive tout le monde! Maintenant ça me donnera le courage de lui parler, de lui dire... oh! la joie... et tenez... ces idées de mariage, ça me brouille tellement le bons sens... que j'ai oublié de vous remettre c'te lettre.. c'est vrai, je l'ai là, dans ma poche... ah! c'est ça.

LE COMTE. — Donne donc!... tu aurais dû commencer par là... Hein? de Versailles... (*Après avoir lu, à part.*) Que vois-je!... ah! mon Dieu... (*Regardant à sa montre.*) cinq heures... oh! je vais porter le désespoir dans le cœur de la comtesse... mais il le faut! (*Il entre vivement à gauche.*)

~~~~~~~~~~~~~~~~~~~~~~~~~~~~~~

SCÈNE VII.

YVON, *puis* MARINETTE.

YVON, *seul.* — Qu'est-ce qu'il lui prend donc, au capitaine? bah! quelque bonne nouvelle... c'est la joie, sans doute, comme moi... Oh! je me sens un cœur... et si manzelle Marinette était là, je suis sûr que je lui dirais... voyons, qu'est-ce que je lui dirais? d'abord faut qu'elle consente... Eh bien, j'oserai... c'est elle!.. voilà que je n'ose plus rien du tout.

MARINETTE. — Ah! quel remue-ménage dans la ville... c'est le départ de l'escadre...

YVON. — Qui va donner la chasse aux Hollandais... oh! coquins d'Hollandais... voyez-vous, manzelle Marinette, les Hollandais... (*A part.*) Ah ça, qu'est-ce que j'ai donc à lui parler des Hollandais?

MARINETTE. — Ah! mon Dieu... vous avez l'air tout chose.

YVON. — Oui, n'est-ce pas?.. (*A part.*) Il n'y a qu'un moyen... c'est ça. (*Haut.*) Mamzelle Marinette, figurez-vous que vous êtes une frégate.

MARINETTE. — Hein?

YVON. — Bien gentille... avec un corsage pincé... une voilure coquette, qui s'en va le nez au vent... moi, je suis un vilain brick, bien lourd... mais c'est égal... je veux prendre la frégate à l'abordage.

MARINETTE, *à part.* — Tiens, je ne serais pas fâchée d'être prise à l'abordage.

YVON. — Je louvoie... je jette le crampon... une, deux, et me voilà sur le pont.

MARINETTE. — De la frégate?

YVON. — Oui, de la...

MARINETTE. — Eh bien, après?

YVON, *ôtant son bonnet.* — C'est pour vous dire que le brick bien lourd demande la gentille frégate en mariage, et que la capitaine, qui est un vaisseau à trois ponts, consent à leur union. (*A part.*) L'allégorie est adroite.

MARINETTE. — Mort de ma vie!..

YVON, *à part.* — Tiens, la frégate qui jure.

MARINETTE. — Je vous trouve bien hardi!

YVON, *à part.* — Est-ce que l'allégorie n'aurait pas été adroite.

MARINETTE. — Comment, vous parlez à monsieur le comte de notre mariage!

YVON, *à part.* — Elle a compris... Décidément, l'allégorie est bonne.

MARINETTE. — Vous osez me mettre en avant sans savoir si ça me plaît? vous disposez de moi?

YVON. — Permettez...

MARINETTE. — Taisez-vous!... A-t-on jamais vu une chose pareille! Tudieu!... si je ne me retenais...

YVON, *à part.* — Elle va m'arracher quelque chose.

MARINETTE. — Et qu'est-ce qui vous a dit que je consentais?

YVON. — Oui, au fait, qu'est-ce qui m'a dit que vous... personne... oh! ça... seulement j'en ai répondu au capitaine...

MARINETTE. — Par exemple! Si vous vous étiez déclaré avant, si vous aviez été gentil... je ne dis pas... mais vous voulez m'épouser à l'abordage... nenni... vous jetez le crampon! pas de ça... et maintenant je vous déclare que je refuse, que je refuserai toujours... parce que vous êtes un fumeur, un jureur, un abordeur, un buveur, et que je vous ai en horreur!.. là!

YVON, *à part.* — En voilà une bordée de 70. (*Haut.*) Mamzelle Marinette...

MARINETTE. — Laissez-moi.

YVON. — Un mot.

MARINETTE. — Je vous l'ai dit, jamais.

YVON. — Le brick est coulé.

MARINETTE. — Et la frégate victorieuse!

(*Elle sort en courant par la gauche.*)

SCÈNE VIII.

YVON, *seul.*

L'allégorie ne valait pas une pipe de tabac!.. cré non de non !.. quelle chance !..

Air : Aristipe.

J'ai traversé déjà bien des tempêtes ;
Oui, mais toujours protégé par le sort,
L'orage en vain éclatait sur nos têtes,
En le narguant nous abordions au port.
Oh ! mais on souffre une fois au rivage,
Près du bonheur que l'on osa rêver,
Quand on le voit qui fait naufrage
Et qu'on ne peut le suivre ou le sauver.

SCÈNE IX.

YVON, LE COMTE, LA COMTESSE.

LA COMTESSE. — Oh ! mais c'est affreux cela.

LE COMTE. — Du courage.

YVON, *à part, au capitaine.* — Capitaine, elle ne consent pas.

LE COMTE, *de même.* — Tant mieux !

YVON. — Comment ?

LE COMTE. — Tais-toi... et va faire les préparatifs... nous partons... nous mettons à la voile dans une demi-heure.

YVON. — Est-il possible !

LE COMTE. — Va !..

YVON, *à part.* — La quitter... nom d'un nom ça tombe bien, ah ! mamzelle Marinette, ce sont les Hollandais qui paieront pour vous.

SCÈNE X.

LE COMTE, LA COMTESSE.

LE COMTE. — Oui, Sophie, du courage... qui pouvait prévoir cela... d'Aurenville qu'on croyait devoir être désigné... une disgrâce et 'ordre m'arrive de m'embarquer, de prendre le commandement du *Neptune*.

LA COMTESSE. — C'est sur nous que tombe la disgrâce, Henri... me séparer de toi !.. oh ! mais je n'y avais jamais songé...

LE COMTE. — Femme d'un marin pourtant...

LA COMTESSE — Mais je n'ai pensé qu'à une chose, moi, en devenant ta compagne... c'est que je t'aimais... c'est que j'étais fière de ta gloire passée., et ta gloire à venir vient m'enlever tout mon bonheur !

LE COMTE. — Sophie, la campagne sera courte.

LA COMTESSE.—Pourrais-je le trouver moi ? quand seule sur cette terrasse, je viendrai m'asseoir ; en vain j'interrogerai les flots, ils ne me répondront pas... en vain mes yeux inquiets plongeront à l'horizon... rien, rien, qui me parle de toi !..

LE COMTE. — Mon courage et le désir de retrouver le bonheur en te le rendant, abrégeront la guerre par la victoire !

LA COMTESSE. — Oui, ton courage... c'est là ce qui me fait trembler justement... Ce courage qui te jettera au devant du danger... et pour avoir voulu revenir trop tôt, peut-être, Henri... Oh ! cela m'effraie, peut-être que tu ne reviendras plus ! Ah ! que ne m'est-il permis de te suivre, de t'accompagner... de braver ces dangers dont tu parles à tes côtés... ces dangers qui me font frémir parce que tu vas les courir seul... oh ! mais que je regarderais en face si j'étais près de toi... ces dangers auxquels je dirais fièrement : vous voyez bien que je n'ai pas peur puisque je suis avec lui.

LE COMTE. — Oh ! tu es belle en t'animant ainsi... si belle qu'en te regardant plus longtemps, je perdrais toute mon énergie... mais pardon, si je te reparle d'une chose... Sophie... Promets-moi... promets-moi, quoiqu'il arrive...

LA COMTESSE. — Eh bien ?

LE COMTE. — De ne pas aller à Versailles ?

LA COMTESSE. — Oh ! peux-tu reparler de cela !

LE COMTE. — J'ai tort, je le sais ; oh ! si je n'avais pas confiance en toi, je te dirais : madame la comtesse, je vous défends d'aller à Versailles !..

LA COMTESSE. — Encore !

LE COMTE. — Eh ! bien non... mais si tu savais... on a des idées folles parfois... rien que ces gentilshommes qui sont venus à Dunkerque, auxquels je n'ai pu refuser l'hospitalité... Eh ! bien, leurs fades galanteries me déplaisent... le chevalier de Mirebelle surtout !

LA COMTESSE. — Oh ! Henri !

LE COMTE. — Enfin, ils partent pour Versailles, eux... tu seras débarrassée de leurs importunités. Mais quel est ce bruit ? juste ! ce sont eux !

SCÈNE XI.

LES MÊMES, DE MIREBELLE, FARIROLLE, DES BUISSONS, MARINETTE.

CHŒUR.

Air : Buvons, chantons (de l'Extase) ou *« Allons, courons amis. (Perle de Morlaix. — Deuxième acte)*

Ici nous accourons,
Le chagrin nous amène,
Vous partez, capitaine :
Et ce départ tous nous le déplorons.

LE COMTE. — Eh! quoi! la nouvelle?
DE MIREBELLE. — N'est plus un secret pour la ville...
FARIBOLLES. — Et nous venions...
DES BUISSONS. — Ne sachant si nous devons vous complimenter de la faveur du Roi.
FARIBOLLES. — Ou vous plaindre de quitter une femme aussi adorable que la comtesse...
LE COMTE. — Plaignez-moi, messieurs... plaignez-la aussi.!. car cette séparation...
DE MIREBELLE. — Voyons, capitaine, voyons...
LE COMTE. — Oui... c'est de la faiblesse... mais regardez-la donc.. vous voyez bien qu'elle pleure, elle...
FARIBOLLES. — En effet.
LA COMTESSE, *à part.* — Oh! leur présense en ce moment m'importune .. (*Haut.*) Pardon, messieurs... je craindrais de vous déplaire par le spectacle d'une douleur de famille... viens, Marinette...
MARINETTE. — Oui, madame... (*A part.*) En voilà un évènement!

(*Elles entrent toutes deux à gauche.*)

SCÈNE XII.

LES MÊMES, *moins la* COMTESSE *et* MARINETTE.

FARIBOLLES, *à part.* — Ah! si je n'étais pas forcé de retourner à la Cour, quelle charmante veuve à consoler... Ah!
DES BUISSONS, *à part.* — Si je restais... peste!.. je ferais le capitaine... grand amiral.
DE MIREBELLE, *à part.* — Avant un mois la belle comtesse m'appartiendra, ou j'y perds mon titre de gentilhomme.
LE COMTE. — Il était dit que ce serait un jour de départ, messieurs... vous pour la cour, moi pour la guerre.
FARIBOLLE. — En effet... ce qui reste de noblesse à Dunkerque s'éloigne aujourd'hui.
DES BUISSONS. — Excepté cependant le chevalier.
LE COMTE. — Hein?
FARIBOLLES. — Qu'une affaire imprévue retient à Dunkerque...
LE COMTE. — Ah!
DE MIREBELLE, *à part.* — Maladroit!
LE COMTE, *à part.* — Ah? il reste, lui! (*Haut.*) Pardon, Messieurs... si vous voulez passer dans cette salle... d'où l'on découvre le port... quelques dispositions nécessaires à mon départ.
DE MIREBELLE. — Pardon de n'avoir pas devié que nous gênions vos adieux à la comtesse.

(*Reprise du chœur. Ils entrent à droite.*)

SCÈNE XIII.

LE COMTE, *seul.*

Il reste!.. et cela depuis qu'il sait que je pars... c'est singulier... ce chevalier de Mirebelle... Oh! je suis fou... j'insulte la comtesse par mes inquiétudes ridicules... d'ailleurs... elle ne le recevra pas... et quel prétexte aurait-il pour se présenter chez une femme seule... seule... Oh! c'est justement cela qui me fait trembler... car elle n'aura près d'elle qu'une soubrette folle et inconsidérée... et pour la servir que des valets indifférents qui ne voient rien, ou avides et qu'on peut corrompre... (*Frappé.*) Mais quel trait de lumière! oui... c'est cela...

SCÈNE XIV.

LE COMTE, YVON. *Grande tenue d'équipage et apportant le porte-voix du capitaine.*

YVON. — Présent, capitaine, et gare les boulets qui voudraient vous questionner de trop près, je me place en travers.
LE COMTE. — J'ai changé d'idée... tu ne pars plus.
YVON. — Plaît-il?
LE COMTE. — Tu ne pars plus, te dis-je.
YVON. — C'est une plaisanterie.
LE COMTE. — Oh! non, c'est une chose sérieuse.
YVON. — Mais je vous ai donc fait quelque chose... je vous ai déplu peut être sans le savoir : et pour m'en punir vous voulez m'empêcher de mourir à côté de vous. C'est mal, capitaine... Quand on a un bon chien de garde... on le bat, mais on ne le chasse pas!
LE COMTE. — Te chasser, moi !... Yvon... je vais te donner, au contraire, une preuve d'amitié, la plus grande qu'un homme puisse donner à un autre homme... Depuis que ce chevalier de Mirebelle sait que je m'éloigne, moi, il ne part plus, lui.
YVON. — Eh! bien, qu'est-ce que ça nous fait?
LE COMTE. — Tu ne comprends pas?
YVON. — Non.
LE COMTE. — Ma femme jeune et belle, isolée... oh! c'est la vertu même...
YVON. — Je crois bien! la vertu de madame la comtesse! comme une frégate française... imprenable.... après?
LE COMTE. — Oh! le ciel m'est témoin que je ne soupçonne pas celle qui porte si noblement mon nom. Mais je veux qu'il reste auprès d'elle quelqu'un qui soit comme une partie de moi-même. Quelqu'un qui soit comme le pavillon qu'on place à la maison du représentant

d'un nation afin qu'on le respecte. Quelqu'un qui dise : Halte-là quand on voudra passer ; et j'ai pensé à toi.

YVON. — Compris, merci de la préférence ; j'accepte ; ça me coûte de ne ne pas dire quatre mots aux Hollandais, mais vous ferez la conversation pour nous deux.

LE COMTE. — Je n'en attendais pas moins de toi et tu viens d'acquérir de nouveaux titres à l'amitié de ton capitaine. Silence, c'est la comtesse.

SCÈNE XV.

LES MÊMES, la COMTESSE, MARINETTE.

LA COMTESSE. — Henri, vous m'oubliez, et quand l'instant de notre séparation est si proche !

LE COMTE. — Au contraire je m'occupais de toi... Je venais d'obtenir d'Yvon qu'il ne me suivrais pas dans cette campagne.

Air : *T'en souviens-tu?*

C'est un ami qui veillera sans cesse,
Un défenseur fidèle et courageux ;
Je lui confie en ce jour ma richesse,
Le seul trésor que je laisse en ces lieux.
Son Dévouement, tout ici te l'atteste,
Car du danger il regrette sa part ;
Pourtant sans murmurer il reste,
Pour te parler de l'exilé qui part.

LA COMTESSE. — Oh ! je n'aurais pas osé le demander... oui je lui parlerai de toi... souvent, toujours !

MARINETTE, (à part). — Je me serais bien passé de cette décision-là moi .. il va recommencer à vouloir aborder la frégate.

On entend un coup de canon et ensuite ils se succèdent par intervalle jusqu'à la chute du rideau.

LA COMTESSE. — Ah ! mon Dieu !

LE COMTE. — C'est le signal... Yvon, mon porte-voix.

SCÈNE XVI ET DERNIÈRE.

LES MÊMES, DE MIREBELLE, FARIBOLLES, DES BUISSONS *rentrant en scène.*

CHŒUR.

Air : *Quel accident il faut partir* (Perle de Morlaix. Premier acte.)

Le canon, vient de retentir:
Ce signal, qui se fait entendre,
Annonce que, sans plus attendre,
La flotte du roi va partir.
(*Musique jusqu'à la fin de l'acte.*)

LA COMTESSE *se jetant dans les bras du Comte.* — Henri !

LE COMTE. — Oh ! plus de faiblesse... Adieu ! adieu !...

LA COMTESSE *tombant à genoux*. — Mon Dieu ! veillez sur le comte de Moranges.

YVON, (à part). — Et moi, sur son honneur !

La toile tombe.

FIN DU PREMIER ACTE.

ACTE DEUXIÈME.

A VERSAILLES.

Un salon-boudoir très élégant, porte au fond, à gauche une petite porte ouvrant dans la chambre à coucher de la comtesse ; à droite une toilette. — Fauteuils, canapé.

SCÈNE PREMIÈRE.

LA COMTESSE *assise à sa toilette* ; MARINETTE *est en train de la coiffer.* DE MIREBELLE, FARIBOLLES, DES BUISSONS, *sont assis en cercle* ; DE BRETEUIL *assis également mais plus près de la Comtesse.*

CHŒUR.

Air : *Allons ma belle de grâce.* (Premier chœur du Billet de faire part.)
(*Tous chantent excepté la comtesse.*)
Que d'attraits, de charmes, de grâce !
Nous admirons tous en ce jour ;
D'une telle beauté la place
Serait, sur l'honneur, à la cour.

LA COMTESSE. — Non messieurs, vous aurez beau dire, vous aurez beau faire, je ne solliciterai point d'être présentée à la Cour tant que durera l'absence de mon mari... Voilà déjà six mois qu'il tient la mer.

DE MIREBELLE. — Et six mois qu'il n'est question que de ses prodiges de valeur au petit lever.

LA COMTESSE. — Oh ! vous avez été tous de fins diplomates, messieurs,... vous saviez qu'en me parlant de lui, c'était toucher à la clef de mon cœur... et il s'est trouvé que cette clef-là vous ouvrait mon salon...

FARIBOLLES. — Puisqu'à deux pas du palais de Versailles vous vivez en recluse.

DES BUISSONS. — Pourrions-nous le souffrir.

DE MIREBELLE. — A Dunkerque vous refusiez de me recevoir... ici nous vous devions une cour... oh! mais rien n'y manque.

LA COMTESSE. — Que le Roi.

DE BRETEUIL. — Nous avons la Reine.

DE MIREBELLE. — Et le petit robin, complément obligé de tous les boudoirs.

LA COMTESSE. — Oui, espèce de joli rien, tout noir, qui tient le milieu entre le griffon et l'amant préféré... quand il y a un amant préféré!

DE BRETEUIL. — Et il n'y en a pas.

FARIBOLLES, *soupirant*. — Ah!

DES BUISSONS, *même jeu*. — Ah!

DE MIREBELLE, *même jeu*. — Ah!

MARINETTE, (*à part*). — Trois soufflets d'orgues.

LA COMTESSE. — Vous vous trompez, M. de Breteuil, il y a un amant préféré.

TOUS. — Oh! voyons?

LA COMTESSE, (*se levant*). — Mon mari.

FARIBOLLES, (*aux autres*). — C'est Pénélope en poudre et en paniers.

LA COMTESSE. — Si je me suis décidée à quitter Dunkerque, à venir habiter mon château de Versailles, c'est que je voulais entendre parler du comte de plus près... Maintenant qu'il s'est couvert de gloire, que la paix est signée, qu'on l'attend d'un jour à l'autre, je puis bien avouer que mon mari... est mon amant... ce n'est pécher ni contre la morale, ni contre la Dubarry.

MARINETTE. — Les deux antipodes!

DE MIREBELLE. — Oh! la friponne se décide enfin à délier les cordons de son esprit.

FARIBOLLES. — C'est vrai. Depuis quelque temps votre soubrette est d'un maussade.

DES BUISSONS. — On dirait la servante d'un procureur...

DE MIREBELLE. — Elle nous laisse dépenser notre esprit.

DE BRETEUIL. — Elle nous ruine!

MARINETTE.
Air : *Charlatanisme*.

Non pas du côté de l'esprit,
Votre ruine n'est pas prête,
Et depuis qu'on vous fait crédit,
Vous pouvez payer votre dette.
Sans cesse on vous voit amasser,
Ah! vous faites peu de folies!
L'esprit, vous savez l'entasser,
Et l'on peut parfois dépenser,
Quand on fait tant d'économies.

LA COMTESSE. — Marinette, c'est méchant.

MARINETTE. — Ces messieurs se plaignaient.

DE BRETEUIL. — Je gage que la friponne est amoureuse?

MARINETTE. — Pourquoi pas.. de vous tous peut-être.

FARIBOLLES. — Ou de quelque joli garçon.

MARINETTE. — Ça me changerait.

DE MIREBELLE. — Ce diable de Faribolles va toujours au-devant des compliments..

DES BUISSONS. — Eh! bien, moi j'ai deviné, Marinette est amoureuse du boule-dogue Yvon.

TOUS, *riant*. — Ah! Ah! Ah!

LA COMTESSE. — Ne riez pas messieurs.... Boule-dogue soit, mais il y a du moins une différence entre lui et les courtisans.

MARINETTE. — C'est qu'il tient du chien par la fidélité, et que les courtisans en tiennent par la posture.

DE MIREBELLE, *piqué*. — Pas mal.

DE BRETEUIL. — Joli!

FARIBOLLES. — Petit aspic, va!

DES BUISSONS. — Cette fille-là est un fagot d'épines.

LA COMTESSE. — Écoutez donc, messieurs, vous attaquez Yvon qui n'est pas là pour se défendre.

FARIBOLLES. — Ni pour nous raconter ses éternels combats sur mer.

TOUS, *riant*. — Ah! ah! ah!

DE MIREBELLE. — Non comtesse, mais vraiment il est sans cesse sur vos pas... il entre partout... sans se faire annoncer... et jure auprès de vous, comme une chenille auprès d'une rose...

LA COMTESSE. — Encore une fois, c'est un brave marin dévoué au comte...

DE MIREBELLE. — Pardon, pardon... cela vous plaît... Nous lui ferons la cour... Nous irons jusqu'à lui demander de nous dire quelques-unes de ses batailles...

DE BRETEUIL. — Et tenez... tenez, messieurs... justement le voilà.

MARINETTE, (*à part*). — Pauvre garçon! ils vont encore le railler.

SCÈNE II.

LES MÊMES, YVON, (*entrant du fond*).

YVON, (*à part*). — Toujours ces muguets autour d'elle.

DE MIREBELLE. — Salut au brave marin!

FARIBOLLES. — Au héros aquatique!

DES BUISSONS. — Au triton réformé!

DE BRETEUIL. — Au Montausier de la marine.

YVON, (*à part*). — Dieu! si je ne me retenais.

LA COMTESSE. — Bonjour, Yvon.

YVON. — Madame la comtesse.

MARINETTE, (*lui faisant une révérence gracieuse*). — Bonjour, monsieur Yvon.

YVON (*brusquement*). — Bonjour, bonjour...

DE MIREBELLE. — Ça, tu ne refuseras pas de nous raconter pour la vingtième fois, ce fameux combat... où la frégate du capitaine... la tienne par conséquent, s'est trouvée cernée par toute une flottille... et est parvenue à se frayer un passage.

FARIBOLLES. — Comment diable as-tu fait?
YVON. — Comment?... (*A part*). Au fait c'est une allégorie... Je vas leur décocher ça...
LA COMTESSE. — Ne te fais pas prier mon brave Yvon.
YVON. — Voilà ! (*Les courtisans l'entourent en riant et tendent le cou vers lui pour mieux écouter son récit*). — Le vent nous avait jeté à quelque distance de notre flotte... et du pavillon amiral... qui était, comme qui dirait, madame la comtesse... un peu sur la gauche... Il n'en fallait pas moins le faire respecter... Tout-à-coup notre frégate est entourée par quatre bâtiments... Tenez comme je le suis en ce moment par vous... Vous là bas. (*Il montre Faribolles*), vous êtes le gros vaisseau hollandais... Vous, (*il montre Des Buissons*), la corvette espagnole... une vieille carcasse affreuse à voir... Vous, (*il montre de Breteuil*); le petit brûlot anglais tout noir... Vous enfin, (*il montre de Mirebelle*), un fier brick du même pays, mais facile à démâter... Là-dessus nous étions coulés, si le capitaine avait perdu la boussole... Mais il vous empoigne son porte-voix... et s'écrie : feu ! garçons !... feu ! des deux bordées ! Eh bien ! boum ! patatras ! (*il écarte violemment les bras et atteint Faribolles et Des Buissons, qui tombent sur leur derrière après avoir fait reculer très loin De Breteuil et Mirebelle qui tiennent ferme*). Allez donc ! déroute complète... Et voilà comment nous avons fait !

(*La comtesse et Marinette rient aux éclats, Faribolles et Des Buissons toujours assis par terre, les voyant rire ainsi que de Mirebelle et de Breteuil, se mettent à rire à contre-cœur et sans d'abord se relever tant ils sont étourdis*).
YVON, (*tendant les mains d'un côté à Des Buissons de l'autre à Faribolles et les relevant*). — Ça va mieux, moi aussi... merci !...

Air :

Ceci peut-être est une allégorie...
Les courtisans, près du trône entassés,
Quand un héros combat pour la patrie,
Les sots muguets venant à flots pressés,
Près de sa femme agir bien empressés...
Leur foule, on croit, qu'elle est consolidée
Mais très souvent, lorsqu'on n'y pense pas,
Un coup de vent ou bien une bordée,
Sauve le trône et les fait couler bas :
Un coup de vent ou bien une bordée,
Sauve l'honneur et les fait couler bas.
Comme vous on les voit couler bas. (*bis*)

MARINETTE, *à part*. — Crânement répondu.
LA COMTESSE. — C'est assez, Yvon...
DE MIREBELLE, *aux autres*. — Si nous tenions jamais ce drôle, cent coups de bâton !

(*On entend battre au champ.*)

LA COMTESSE. — C'est le Roi qui revient sans doute de la promenade, messieurs, et de bons gentilshommes doivent se trouver sur son passage. Nous nous reverrons. Yvon, conduisez ces messieurs.

REPRISE DU CHŒUR.

Que d'attraits ! de charmes ! de grâce ! etc.

(*Pendant le chœur, chacun des quatre soupirants a glissé un billet, l'un sur la toilette, l'autre sous un flambeau de la cheminée, le troisième dans la corbeille à ouvrage et le quatrième dans la poche du tablier de Marinette, qui ne s'en est pas aperçue, occupée qu'elle était à regarder Yvon, qui était au fond lui tournant presque le dos. La comtesse placée sur le devant a suivi du coin de l'œil et en souriant tous ses mouvements. Tous sortent excepté la comtesse et Marinette.*)

SCÈNE III.

LA COMTESSE, MARINETTE.

LA COMTESSE, *après s'être assurée qu'ils sont bien éloignés, allant prendre le billet qui est sous le flambeau.* — Et d'un ! (*Prenant successivement les deux autres.*) et de deux !.. et de trois !
MARINETTE. — Comment ils ont osé adresser à madame la comtesse.. ça ne fait que trois... il y en a donc un qui n'a pas écrit.
LA COMTESSE. — C'est celui dont tu tiens le billet dans ta poche.
MARINETTE. — Je jure à madame la comtesse...
LA COMTESSE, *lui prenant le billet dans sa poche.* — Donne donc !.. et de quatre ! tu vois bien.
MARINETTE. — Je suis cependant certaine....
LA COMTESSE. — Eh ! tu n'as rien vu... rien senti... tu regardais Yvon...
MARINETTE. — C'est vrai... depuis que ce garçon-là me dédaigne... depuis qu'il n'attaque plus mon cœur...
LA COMTESSE. — Eh ! bien?
MARINETTE. — Mon cœur s'est rendu... et il ne s'en aperçoit seulement pas... mais qu'est-ce que madame la comtesse va faire de tous ces billets?
LA COMTESSE, *les parcourant*. — Ce que j'en fais... les lire... d'abord.
MARINETTE. — Et après?
LA COMTESSE. — Me moquer d'eux !
MARINETTE. — Que disent-ils?
LA COMTESSE. — Tous la même chose.
MARINETTE. — Ils demandent?
LA COMTESSE. — Un rendez-vous.

MARINETTE. — Où?
LA COMTESSE. — Ici.
MARINETTE. — Et vous répondrez?
LA COMTESSE. — Oui!
MARINETTE. — A l'un d'eux.
LA COMTESSE. — Fi, mademoiselle! à tous.
MARINETTE. — Je comprends.
LA COMTESSE. — C'est heureux... ensuite, quand je me serai vengée de leur impertinente fatuité, demain nous repartirons pour Dunkerque avant que le comte puisse nous surprendre ici... après je lui avouerai tout... car je l'aime, mon mari. Oh! plus que jamais... Dans les premiers jours de notre séparation, tu sais si j'ai pleuré... mais mon caractère est gai... fou... est-ce ma faute? Et puis ce chevalier de Mirebelle qui me poursuivait de ses importunités... à la promenade, partout... il était seul de gentilhomme... on l'avait bientôt remarqué... alors j'ai pensé que le danger serait moins grand dans la foule que dans la solitude... je suis venue habiter mon château de Versailles... Si secret que nous ayons tenu ce voyage, mes trois soupirants l'ont bien vite su... ils se sont renforcés de M. de Breteuil, et, par enfantillage, la comtesse de Moranges a voulu jouer un peu à la marquise de l'œil-de-bœuf : est-ce là un grand mal?

MARINETTE. — Non, madame, mais c'est peut-être une grande imprudence.

LA COMTESSE. — Oh! comme vous êtes devenue sermoneuse, mademoiselle.

MARINETTE. — Depuis que je veux plaire à Yvon.

LA COMTESSE. — Et ça vous réussit?

MARINETTE. — Pas du tout. Je crois que je fumerais la pipe, il ne serait pas encore content.

LA COMTESSE. Ah! tiens... ces messieurs vont revenir chercher leur réponse... Brûle à ma cassolette ces billets, qui ne me brûlent pas du tout; je te le jure. Ah! mais c'est qu'ils sont très amusants, mes amoureux! (*Marinette entre à gauche.*)

SCÈNE IV.

LA COMTESSE, *seule*.

Va, Marinette, brûle, brûle tout cela, et puissé-je prouver enfin à ces impertinents que la comtesse de Moranges porte trop fièrement son nom, pour devenir ce qu'on appelle une femme du bel air... Ah! Versailles... je l'avoue, ma curiosité féminine était tourmentée du désir de te connaître... en y venant, je le sens, j'ai commis une faute, et bien que je n'aie pas osé pénétrer jusqu'à la cour, ces messieurs m'en ont donné un échantillon qui me suffit... Mais je les entends, je crois... oui... ce sont eux. A mon rôle de grande coquette.

SCÈNE V.

LA COMTESSE, FARIBOLLES, DE BRETEUIL, DES BUISSONS, DE MIREBELLE.

DE MIREBELLE. — De votre terrasse, comtesse, on voyait parfaitement le cortége. (*Bas et rapidement.*) Vous avez reçu mon billet?...

LA COMTESSE, *de même*. — Ce soir, à huit heures, ici... chut!

DE MIREBELLE, *bas*. — Vous êtes un ange! (*A part.*) Parbleu!.. j'en étais sûr.

FARIBOLLES, *à la comtesse*. — Sa Majesté paraissait d'une gaîté... (*Bas.*) Et mon poulet?

LA COMTESSE, *bas*. — Ici, ce soir, à huit heures.

FARIBOLLES. — Vous êtes une déesse!... (*A part.*) qui descendra de l'Olympe tout comme une autre — Je suis un affreux gueux.

DES BUISSONS, *à la comtesse*. — M. de Richelieu galoppait à la portière de gauche. (*Bas.*) Et mon cœur fait comme lui depuis que j'ai osé...

LA COMTESSE, *bas*. — Pour vous punir, dans ce salon, à huit heures.

DES BUISSONS, *à part*. — Ah! je vais me trouver mal... Des Buissons, tu n'es qu'un bandit!

DE BRETEUIL, *à la comtesse*. — Madame de Parabère était dans la seconde voiture. (*Bas.*) Votre joli rien tout en noir peut-il espérer?.

LA COMTESSE, *bas*. — On le traitera comme il le mérite... ce soir, à huit heures.

DE BRETEUIL. — Vous m'ouvrez le ciel.

DE MIREBELLE. — Ah! la drôle de figure que fait Des Buissons..

DES BUISSONS. — Voyez donc la mine de Faribolles.

FARIBOLLES. — Et celle du Robin.

DE BRETEUIL. — Et celle de Mirebelle.

(*La comtesse rit aux éclats; tous se rient au nez réciproquement.*)

LA COMTESSE. — Messieurs, je vous donne congé pour aujourd'hui.... il se fait tard déjà...

DE MIREBELLE. — Comtesse... nous devons obéir.

SCÈNE VI.

LES MÊMES, YVON.

LA COMTESSE, *à Yvon*. — Ah! Yvon, tu me feras le plaisir de partir ce soir, à l'instant, pour ma ferme de Nerval, où je vais demain, afin qu'on prépare tout pour me recevoir.

YVON. — Oui, madame, la comtesse.

LA COMTESSE. — Messieurs, je ne vous retiens plus. (*Tous s'inclinent.*)

ENSEMBLE.

Air : *La nuit est obscure.* (Marquise de Prétintaille.)

LA COMTESSE, *à part.*
Charmante aventure,
Je vais en ce jour,
Rire, je le jure
De leur sot amour.
Femme, qu'on abuse,
Vite, doit trouver,
Quelque bonne ruse
Qui peut la sauver.

TOUS *et chacun à part.*
Charmante aventure,
Je vais en ce jour,
Bientôt je le jure,
Prouver mon amour.
J'ai seul la victoire,
Oui, j'obtiens son cœur,
Pour moi quelle gloire !
Surtout quel bonheur!

SCÈNE VII.
LA COMTESSE, YVON.

LA COMTESSE, *à part.* — En l'éloignant, je suis certaine qu'il ne viendra pas contrecarrer ma ruse, et je pourrai me moquer d'eux tout à mon aise.

YVON. — Madame la comtesse ne craint pas de me faire passer la nuit hors du château ?

LA COMTESSE. — Pourquoi craindre?.. As-tu peur qu'on ne le prenne.... à l'abordage !.. comme tu dis.

YVON. — Oh ! non.... et du moment que madame la comtesse veut que j'aille à Nerval, j'irai.

LA COMTESSE. — C'est bien.

SCÈNE VIII.
LES MÊMES, MARINETTE.

MARINETTE. — Tout est brûlé, madame.

LA COMTESSE. — A merveille... (*A part.*) Il ne me reste plus qu'à chasser la fumée. (*Haut.*) Marinette, donne à Yvon les instructions nécessaires pour que l'appartement de la ferme soit prêt demain... après, tu viendras me coiffer de nuit. (*A part.*) Ah! dame! je m'aventure beaucoup, mais la femme d'un marin. (*Elle entre dans sa chambre.*)

SCÈNE IX.
MARINETTE, YVON.

MARINETTE. — Mon petit Yvon, n'ayez pas l'air boudeur comme ça avec moi.

YVON. — Je ne suis pas votre petit Yvon...

MARINETTE. — Qu'est-ce que je vous ai fait?.. vous qui m'aimiez tant... vous le disiez.

YVON. — Et qu'est-ce qui vous dit que je ne vous aime plus?

MARINETTE. — Il se pourrait? oh! dépêchez-vous vite de me raimer.

YVON. — C'est possible... oui.... je vous adore.... mais je ne vous en déteste que plus !

MARINETTE. — Arrangez ça. Qu'est-ce qu'il faut donc faire pour vous plaire ?

YVON. — Il faut... il faut me laisser tranquille... ne jamais me parler... parce que... parce que je suis devenu colère... méchant... parce que ce sont vos conseils perfides, vos cajoleries, qui ont décidé madame la comtesse à venir à Versailles... parce que ça nous portera malheur d'avoir quitté Dunkerque... parce qu'enfin on a désobéi au capitaine. Je ne peux pas causer de ça à madame la comtesse... mais si je pouvais... oh ! si je pouvais, je lui dirais :

Air : *du Baiser au porteur.*

Dans ce château sur les bords du rivage,
Là bas, loin du monde trompeur,
Il vous fallait rester avec courage,
Car, c'était là votre poste d'honneur
Quand d'un marin vous partagez l'honneur.
A ses devoirs votre sort vous enchaîne,
Vous en avez, madame, votre part,
Et la femme d'un capitaine
Doit mourir sur son banc de quart.

Vous voyez bien que j'ai raison d'être en colère... de vous détester tous... Mais vous oubliez d'obéir à votre maîtresse, qui vous entend bavarder de sa chambre...

MARINETTE. — Oh ! il n'y a pas de danger... elle est au bout d'un grand corridor...

YVON. — N'importe... qu'est-ce que je ferai à la ferme de Nerval ?

MARINETTE, *le cœur gros.* — Eh bien... nous avons déjà visité cette ferme, il y a un an, lors du mariage de madame la comtesse... vous connaissez Jérôme le fermier... dites que tout s'apprête pour recevoir dignement ma maîtresse... des bouquets... des coups de fusils... de la musique.

YVON. — Suffit.

MARINETTE. — Vous partez sans me dire un mot ?

YVON. — Allez au diable ! (*Il sort.*)

SCÈNE X.
MARINETTE, *seule.*

Hum !. est-il aimable ! Il faut convenir que j'ai du guignon avec ce garçon-là .. quand il me faisait la cour, je ne pouvais pas le souffrir... maintenant qu'il me brutalise, si j'osais je lui dirais : me voilà, prenez-moi ; ça vous convient-il ? oui ! tope ! marché conclu. C'est pourtant comme ça que nous sommes nous autres femmes.

Air : *Je vous dis en vérité.*

Qu'un galant nous fasse la cour,
Avec lui nous montrant cruelles,
Bien loin de baisser les prunelles,
Nous nous moquons de son amour.
Mais le bourru qui nous oublie,
Après lui l'on nous voit courir,
Une femme a surtout envie,
Du fruit qu'elle ne peut cueillir.

Oh? mon Dieu... mais j'entends du bruit... qui donc peut venir à cette heure? (*La nuit est venue.*) Yvon est parti... il est vrai que nos gens sont là.... n'importe, allons prévenir madame.

SCÈNE XI.

DE MIREBELLE, *puis successivement* DE BRETEUIL, FARIBOLLES, DES BUISSONS, *entrent par des portes différentes.*

DE MIREBELLE (*à tâtons*). — Huit heures ! je suis exact.

FARIBOLLES, (*même jeu*). — Ils ne se doutent pas que je suis le préféré !

DE BRETEUIL. — Dans l'ombre... c'est le bonheur.

DES BUISSONS. — Divine comtesse !

(*En ce moment ils se réunissent au milieu du théâtre et se heurtent les uns contre les autres*).

TOUS. — Qui va là !
DE MIREBELLE. — Où allez-vous ?
DE BRETEUIL. — Et vous ?
TOUS. — Et vous? Et vous?
DE MIREBELLE. — J'ai rendez-vous à huit heures.
TOUS. — Moi aussi, moi aussi.
DE MIREBELLE. — Oh ! c'est...

SCÈNE XII.

LES MÊMES, *la* COMTESSE *suivie de* MARINETTE, *qui porte un flambeau.*

LA COMTESSE. — C'est une mystification messieurs ! (*Ils restent anéantis et se regardent les uns les autres*).

MARINETTE, (*à part*). — Oh ! les drôles de figures !

LA COMTESSE. — Il fallait en finir, avec des importunités qui me pesaient depuis longtemps, et j'ai voulu vous réunir une dernière fois pour vous donner un congé définitif. Ah ! vous voulez de l'intrigue, messieurs, eh bien en voilà ! vous avez cru que je me laisserais prendre à vos impertinents discours... non, non.. Il eût fallu pour cela que vous, monsieur le marquis de Faribolles, vous fussiez moins ridicule; vous baron Des Buissons, plus jeune de vingt ans;

vous monsieur de Breteuil, que vous eussiez un autre état; vous enfin monsieur de Mirebelle, que vous n'eussiez pas poussé l'odieux, jusqu'à courir les ruelles dans l'âge où les vrais gentilshommes courent les dangers sur le champ de bataille ; il eût fallu surtout, que vos hommages se fussent adressés à une autre femme que la comtesse de Moranges. Ah ! vous avez cru réussir ?... En effet... vous avez réussi, mais à me prouver que vous étiez des sots... en quatre lettres !

TOUS, (*avec un mouvement de rage*). — Oh !
MARINETTE, (*à la Comtesse*). — Tudieu ! madame la comtesse, comme c'est répondu.
DE MIREBELLE, (*aux autres bas et rapidement*). — Yvon n'y est pas... on peut gagner les autres gens... il faut nous venger... En sortant d'ici, jouons aux dés à qui possédera la comtesse cette nuit même par ruse ou par force.
TOUS, *bas*. — C'est convenu.
DE MIREBELLE. — Vous l'emportez, madame, et il ne nous reste qu'à nous retirer, honteux d'avoir pu mériter une pareille leçon..
LA COMTESSE. — Marinette, éclairez à ces messieurs.

ENSEMBLE.

Air: *Il repose, il sommeille.* (Le Loup dans la bergerie.)

TOUS LES GENTILSHOMMES.

Partons tous en silence ;
Mais, c'est notre espérance :
Bientôt de la vengeance
Nous aurons le plaisir.
Ici sans plus attendre,
Nous saurons la surprendre,
Il faut bien nous entendre
Afin de la punir.

LA COMTESSE, MARINETTE.

Ils partent en silence,
Et de leur insolence :
Nous avons eu vengeance,
Ah ! pour nous quel plaisir!
Ici, sans plus attendre
Empressés à se rendre,
De leur amour si tendre
J'ai donc su les punir.

(*l'air continue piano à l'orchestre jusqu'à la rentré de Mirebelle.*)

SCÈNE XIII.

LA COMTESSE, MARINETTE.

LA COMTESSE. — Qu'en dis-tu ? crois-tu qu'ils soient tentés de se vanter de leur aventure et de se présenter ici ?

MARINETTE. — Ils s'en garderont bien et j'en

suis enchantée. Yvon va peut-être reprendre un peu de sa bonne humeur.

LA COMTESSE. — Nous le rejoindrons demain à la ferme, et au milieu de ces bons paysans, nous passerons une charmante journée... Nous les ferons boire à la santé du comte.

MARINETTE. — Qui vient d'être si bien vengé par vous.

LA COMTESSE. — Et puis nous partirons pour Dunkerque... que je n'aurais jamais dû quitter... Oh! mais il me pardonnera, mon mari, quand je lui avouerai ma folie avec franchise... Nous ne pourrons tarder à le revoir ; mais si j'ai bien calculé nous arriverons à Dunkerque avant que l'escadre soit rentrée... Viens, Marinette, viens me coiffer de nuit... et mes rêves seront, comme toujours, pour lui, pour mon brave et cher comte.

MARINETTE, *(soupirant)*. — Et moi, pour mon vilain amoureux!

(Elles entrent à gauche au moment où elles disparaissent, de Mirebelle enjambe une fenêtre à gauche.)

SCÈNE XIV.

DE MIREBELLE, *puis* YVON.

DE MIREBELLE. — Tous les gens dorment... J'ai gagné!... Je viens toucher l'enjeu.

YVON, *(à part sortant de la droite)*. — Pas encore!... Ah! on a cru que je laisserais la comtesse seule un instant... Non non!

DE MIREBELLE. — La porte de sa chambre est par là, je suis décidé à tout braver... Allons...

YVON, *qui est venu se placer devant la porte.* — On ne passe pas!

DE MIREBELLE. — Yvon! damnation!

YVON. — Vous ne m'attendiez pas là!... Mais je ne vous perdais pas de vue moi!

DE MIREBELLE. — Oh! malheur à toi alors... car je suis décidé à me frayer un passage à tout prix.

YVON, *(toujours dans la même position)*. — Je m'en doute.

Air : *Mais vous avez dit honnête homme.*

Les cris, les pleurs, parbleu! que vous importe?
Vous avez dit: afin de la flétrir,
Je n'ai qu'à passer cette porte...
DE MIREBELLE, *tirant son épée.*
Dussè-je!
YVON, *calme.*
Allez! rien ne me fera fuir.
Vous oubliez qu'il vous faudra franchir
Une autre porte au point d'honneur pareille,
Porte de fer, qui cloue ici vos pas :
C'est la fidélité qui veille,
Elle est solide, on ne la force pas.

SCÈNE XV ET DERNIÈRE.

LES MÊMES, *le* COMTE, *puis la* COMTESSE, MARINETTE.

LE COMTE, *qui a paru au fond pendant le couplet.* — Bien Yvon! *(De Mirebelle recule).*

YVON. — Le capitaine!... Oh! je vous jure que madame est innocente.

LE COMTE. — Peut-être.

LA COMTESSE, *suivie de Marinette.* — Ce bruit!..... Grands Dieux!

LE COMTE, *(bas à de Mirebelle en lui serrant fortement le bras)*. — Demain... sept heures, à ma ferme de Nerval, c'est un duel à mort.

DE MIREBELLE. — J'y serai.

LA COMTESSE, *(voulant s'élancer au-devant du comte)*. — Henri!... Par pitié!

LE COMTE, *(la repoussant)*. — Je vous avais défendu de venir à Versailles!
La comtesse accablée tombe assise. — Tableau. — *Le rideau baisse.*

FIN DU SECOND ACTE.

ACTE TROISIÈME.

A LA FERME DE NERVAL.

Une salle rustique de rez-de-chaussée; porte au fond; à gauche une autre porte ouvrant sur une seconde pièce ; en regard une petite porte de dégagement ayant issue dans la campagne, du même côté vers le fond une grande croisée praticable. — Table de bois, meubles grossiers, etc. Une horloge de bois est dans l'angle à droite.

SCÈNE PREMIÈRE.

JÉROME, PETIT-JEAN, *filles et garçons de ferme, assis autour de la table et en train de manger la soupe aux choux.*

CHOEUR.

Air : *Livrons tous nos cœurs à l'espérance.*
(Perle de Morlaix, acte troisième.)
Oui gaîment, quand la moisson commence,
Du riche entre nous
Très peu jaloux,
S'il a lui, des festins l'abondance ;
N'avons-nous pas tous
La soupe aux choux.

JÉROME. — Allons, enfants, alerte, c'te soupe-là vous donnera du cœur pour aller à la moisson...

PETIT-JEAN. — Dame! maître Jérôme, on a tout de même un fier appétit à six heures du matin...

JÉROME. — Oh! sans ce gueux d'intendant

qui nous serre le ventre, rien qu'en apercevant sa grosse vilaine frimousse, quoi ! nous serions plus gais à la ferme de Nerval que dans c'te belle maison, là bas ous qu'on dit que le Roi s'ennuie souvent à se démancher la mâchoire. . comme Petit-Jean quand il avale sa soupe.

PETIT-JEAN, *la bouche pleine.* — L'intendant !. ah ! oui... nous l'aimions, celui-là... aussi, c'est avoir du guignon... monsieur le comte fait mépris de son château de Versailles, et de sa ferme, bien entendu.

JÉRÔME. — Ah ! pour ça... ce n'est que quand il a pris femme, il y a dix-huit mois, qu'il y a passé...

PETIT-JEAN. — La comtesse y est bien, elle... pendant que notre bon seigneur fait la guerre pour le Roi... mais nous n'avons pas seulement vu le bout de la robe de madame... dont tout le monde ici se souvient... et de M. Yvon, donc !... oh ! les filles du village surtout.... parce qu'un marin c'est un poisson nouveau pour elles... elles sont si friandes du nouveau, ces grosses réjouies-là ?

JÉRÔME. — Et manzelle Marinette, hein ? Petit-Jean ?

PETIT-JEAN. — Sac à papillon !.. queue fille avenante ! Il n'y en a pas une dans tout le village.

LES JEUNES FILLES, *le tapant.* — Eh ben ! eh ben !..

PETIT-JEAN. Oh ! là... là... quelle poigne !.. Je voulais dire qu'il n'y en a pas une dans tout le village qui ne soit plus forte sur les bourrades.

JÉRÔME, *se levant.* — Voyons, enlevé !... c'est consommé... et avant de partir, Petit-Jean, chante-nous la ronde des moissonneurs, ça nous mettra en gaîté.

TOUS. — Oui, oui... la ronde des moissonneurs.

PETIT-JEAN. — Vous répéterez le refrain ?

TOUS. — Oui ! oui ! (*Ils entourent Petit-Jean.*)

PETIT-JEAN. — Je commence.

Air: *Vive à jamais.* (Le canal Saint-Martin.)

Allons, imitez-moi, gais enfants du canton,
Moissonneurs en ce jour répétez ma chanson.
Vive à jamais le temps de la moisson !
Oui, fillette ou garçon,
Dansons le rigaudon,
Vive à jamais le temps de la moisson !

Premier Couplet.

Comme elle était gentille
Jacote en jupon court,
N'ayant que sa faucille
Pour repousser l'amour.

Mais l'arme dangereuse,
On le voit bien souvent,
Plus d'une moissonneuse
La perd... en moissonnant.

LE CHŒUR.

Allons, imitez-moi. etc.

(*A chaque reprise les moissonneurs dansent.*)

Deuxième Couplet.

Jacote était rosière,
L'an dernier tout de bon,
La rose printanière
On la mit sur son front.
Mais comme elle moissonne,
Retenez bien cela,
Dans les blés sa couronne,
Jacote l'effeuilla...

(*Reprise du chœur.*)

Troisième Couplet.

Depuis ce temps Jacote,
En vain cherche un mari,
Sur son compte on jabote ;
Même tout bas on dit :
Que la pauvre rosière
Laissa trop moissonner...
Et l'amour sur sa terre
N'a plus rien à glaner.

(*Reprise du chœur et des danses.*)

SCÈNE II.

LES MÊMES, YVON.

YVON. — Silence sur le pont !
PETIT-JEAN. — Monsieur Yvon !
JÉRÔME. — A la ferme !
TOUS. — Vive M. Yvon !
YVON. — J'ai dit silence, hommes et filles de terre.
PETIT-JEAN. — Mais, comment ?..
YVON. — Pas de question !... monsieur le comte viendra sans doute à la ferme...
JÉRÔME. — Et rien n'est préparé... vite.. vos habits de fête... des banquets... des cartouches dans les fusils... des violons...
YVON. — Encore une fois, silence ! Monsieur le comte défend qu'on le fête... allez à votre ouvrage.. aux champs... et que la ferme reste déserte, afin que M. le comte n'y soit pas troublé... c'est pour affaires.
JÉRÔME, *à Petit-Jean.* — En voilà un retour de mauvais augure.
PETIT-JEAN. — A moins qu'il ne revienne pour étrangler l'intendant.

YVON. — Vous n'êtes pas encore disparus ? (*Reprise du chœur :* Vive à jamais le temps de la moisson. *Tous sortent, excepté Yvon.*)

SCÈNE III.
YVON, seul.

Voyons, mon garçon, il ne s'agit pas ici de sombrer sous voiles ; tu as pris le gouvernail en main : hardi, là ! et pas de zig-zag si c'est possible. D'abord, le capitaine ne s'est pas couché... il a fait de la morale à sa femme... ça se conçoit... Arrivé plutôt qu'on ne pensait à Dunkerque, quelle a été sa colère d'y chercher en vain madame la comtesse... et surtout de la trouver à Versailles... et dans quel moment... Mais moi non plus je ne me suis pas couché !.. oh ! j'ai bien entendu... à 7 heures, à la ferme de Nerval ; c'est un duel à mort... Peut-être monsieur le chevalier... mais je me suis permis de changer votre adversaire. Pour commencer, j'ai retardé toutes les pendules d'une heure... première manœuvre ! après j'ai pris ma vieille pipe... celle qui a fait toutes mes campagnes... la voilà... (*Il la dépose sur la table avec son tabac.*) parce que, si j'y passe, on trouvera un petit mot dans ma veste, comme quoi il faut qu'on enterre avec moi c'te vieille amie-là... (*Il montre sa pipe.*) deuxième manœuvre ! Ensuite, j'ai pris ces pistolets (*Il les dépose.*) parce qu'en fait d'épée je ne sais manier que la hâche d'abordage : je suis parti du château sans qu'on s'en aperçoive ; me voilà à la ferme, où je vous attends monsieur le chevalier ! troisième et dernière manœuvre !...

Air : de Teniers.

Me voilà prêt à subir une chance,
Qui peut tourner, je le sais, contre moi ;
Oh ! mais sur nous Dieu regarde en silence ;
Comme marin, je suis chrétien... j'y croi !
Quoique au hasard aujourd'hui je m'embarque ;
Moi je me dis : arrive que pourra !
Loin des écueils Dieu conduira ma barque,
J'ai confiance en ce pilote-là.

SCÈNE IV.
YVON, LE CHEVALIER.

LE CHEVALIER. — Ah ! c'est toi, mon garçon ?
YVON, *à part.* — Lui !
LE CHEVALIER. — Tu as sans doute accompagné ton maître... Il est sept heures, préviens-le que j'attends.
YVON. — Si vous voulez vous asseoir ?
LE CHEVALIER. — Ah ! je croyais t'avoir dit que j'attendais.
YVON. — Je sais bien... c'est que le capitaine...
LE CHEVALIER. — Eh bien ?
YVON. — Ne viendra pas.
LE CHEVALIER. — Hein ? que veut dire cette plaisanterie ?
YVON. — Une plaisanterie ?.. oui, vous avez raison... ce n'est que ça... et comme le sang d'un serviteur de Sa Majesté est trop précieux pour être prodigué... comme ce sang est une chose qui ne doit se dépenser que sur un champ de bataille... comme vous n'avez jamais eu occasion de faire de ces dépenses-là, je vous dirai que moi, Yvon, je me suis donné la satisfaction de tromper le capitaine, en retardant les pendules du château, et que je viens à sa place. Ça vous va-t-il ?
LE CHEVALIER. — Ah !.. je te répète encore que je ne suis pas ici pour plaisanter.
YVON. — Ni moi.
LE CHEVALIER. — En ce cas...
YVON. — En ce cas, voilà deux amours de pistolets, à vous l'un, à moi l'autre : dépêchons.
LE CHEVALIER. — Maître Yvon, prenez garde à ce que vous faites, prenez garde à ce que vous dites. Êtes-vous bien sûr que le capitaine ne viendra pas ?
YVON. — Je suis sûr qu'il viendra trop tard, et que je vous aurai tué avant... Ah ! vous croyez que ça peut se passer ainsi ?.. Un soldat que la mitraille a épargné, un brave défenseur de la patrie, dont le courage a été éprouvé par vingt combats, rentrera dans ses foyers, et parce qu'il plaira au premier oisif venu d'insulter ce qu'il a de plus cher au monde, il faudra peut-être qu'il aille mourir de la mort ridicule d'un cadet qui se bat pour une danseuse !.. Vous, chevalier de la cour, vous prétendez croiser votre épée de bal avec l'épée de commandement du capitaine ! vous n'êtes pas dégoûté.

Air : Tu n'as pas vu ces bosquets ?

Moi, vous laissez un tel plaisir ? ma foi,
Je serais fou.. non ! en pareille affaire
Un matelot est assez bon, je croi,
Pour vous tuer...! voilà votre adversaire.
Oh ! je comprends que vous soyez jaloux
De mesurer votre épée à la sienne ;
Mais pour un muguet comme vous,
C'est trop de sa vie, entre nous,
Car, c'est déjà trop de la mienne.

LE CHEVALIER. — Palsembleu ! ceci commence à devenir amusant... seulement le jeu est dangereux... je vous le répète, prenez-y garde, maître Yvon... et si l'on venait à supposer que monsieur le comte est votre complice, on pourrait supposer qu'il a trouvé là un moyen d'économiser prudemment ses jours.

YVON. — Qu'est-ce que vous dites ?

LE CHEVALIER. — J'ai dit que tous ces héros, dont on vante le courage sans l'avoir éprouvé, viennent à la cour nous écraser de la facile renommée qu'ils ont acquise, en commandant souvent le feu par derrière et à deux portées de canon.

YVON. — Je crois qu'il vient d'insulter mon capitaine. Oh! c'en est trop... suspecter le courage du comte de Moranges.. (*A part.*) Je n'avais pas pensé que ce fût possible, moi. (*Haut.*) C'est vous, monsieur le chevalier, vous qui, en hésitant davantage, feriez croire que vous avez peur.

LE CHEVALIER, *riant.* — Ah! ah! ah!... ça devient burlesque. Ah! ça, mon cher, vous êtes tellement goudronné, que vous ne songez plus à la distance qui existe entre un homme de qualité et un croquant de votre espèce... vous oubliez nos mœurs... et je vois qu'il faut vous les rappeler... Certes, il arrive parfois qu'un drôle, sentant le peuple... pouah! qu'un drôle, dis-je, sort du respect qu'il doit à la gentilhommerie. Pour l'y faire rentrer, nous avons deux moyens : si c'est dans notre hôtel qu'il montre de l'insolence... nous avons les bâtons de nos valets... et si par hasard nous nous trouvons seuls avec lui, eh bien, mais nous avons alors nos fouets de chasse!

YVON. — Monsieur le chevalier, taisez-vous! ou je suis capable de vous dire...

LE CHEVALIER. — Après ?

YVON. — Que vous êtes...

LE CHEVALIER. — Que je suis ?..

YVON. — Un lâche!

LE CHEVALIER, *levant son fouet de chasse.* — Misérable!

YVON, *le couchant en joue avec ses pistolets.* — Gardez donc ça pour vos chiens, où je lâche les miens.

LE CHEVALIER. — Oh! c'est trop de patience... finissons... vous ne voulez pas m'assassiner, je pense?

YVON. — Allons donc!.. assassiner.. on ne connaît pas ce mot-là dans la marine française.

LE CHEVALIER. — Mais, je vous l'ai dit, c'est un jeu terrible que vous avez joué là... un jeu à déshonorer le comte de Moranges... (*Il écrit sur un feuillet de ses tablettes.*)

YVON. — Oui... oui... les idées me reviennent maintenant... j'avais cru... oh! ce serait terrible...

LE CHEVALIER. — Tenez... remettez-lui ce papier quand il viendra... s'il vient...

YVON. — Ce papier ?..

LE CHEVALIER. — N'oubliez pas de lui remettre ce billet.

YVON, *anéanti.* — Ce billet...

LE CHEVALIER, *à part.* — Je ne quitte pas les environs, et je saurai peut-être laquelle vaut le mieux de l'épée de commandement ou de l'épée de bal. (*Il sort par le fond.*)

SCÈNE V.

YVON, *puis* LE COMTE.

YVON. — Ce papier... mes idées se brouillent... Oh! le zèle m'a emporté trop loin... je le sens... j'entrevois la vérité... oui, oui... nous autres soldats, nous ne sommes que de la chair à canon... Sur le champ de bataille, le hasard nous fait souvent mesurer avec des princes... mais ici... des coups de bâton... de fouet de chasse... il l'a dit... oh!.. je l'aurais tué! Mais voyons... non... je ne puis lire... ma vue est troublée.

LE COMTE, *à part, entrant par la petite porte de droite.* — Ce chemin à travers champs est plus court... (*En ce moment l'horloge de bois sonne huit heures. Yvon, sur le devant, le comte à la petite porte, sans l'avoir encore aperçu, tous deux semblent compter les coups.*)

LE COMTE. — Huit heures!.. mais j'ai mal entendu...

YVON, *à part.* — Le capitaine!..

LE COMTE. — As-tu compté huit comme moi?

YVON. — Oui.

LE COMTE. — Cependant j'arrive à 7 heures d'après les horloges du château...

YVON. — Oui.

LE COMTE. — Mais que fais-tu là?.. que tiens-tu là! (*Il lui arrache le papier.*)

YVON, *à part.* — Je suis perdu.

LE COMTE, *lisant.* — « Je vous ai attendu une » heure, monsieur le comte, votre courage » retarde. *Signé* LE CHEV ALIER DE MIREBELLE. » L'insolent!.. Mais comment ?..

YVON, *tombant à genoux.* — Grâce! mon capitaine, grâce!.. C'est moi qui ai retardé... je ne voulais pas... ou plutôt si, je voulais le tuer à votre place... il a refusé... je n'ai pas réfléchi...

LE COMTE. — Malheureux!.. mais sais-tu bien que tu viens de me déshonorer... sais-tu bien que mon déshonneur sera l'anecdote du petit lever... sais-tu qu'en une heure tu m'as pris ma gloire de vingt années...

YVON, *toujours à genoux.* — Grâce!

LE COMTE... — Non... Tu n'es qu'un misérable... un faux ami... que je n'aime plus... que je chasse!

YVON, *se relevant.* — Grand Dieu!

LE COMTE. — Oui, je te chasse! (*A part.*)

Oh! je le retrouverai ce chevalier, quand je devrais aller l'insulter jusque dans la chambre du Roi! (*Il s'élance par le fond.*)

SCÈNE VI.

YVON, *seul.*

Chassé!.. et je n'aurai rien empêché... il ne m'aime plus... il l'a dit...

Air: *T'en souviens-tu, disait un frère.*

Tout est fini... car sa colère,
En route hélas! m'a débarqué ;
Mon sort était là tout marqué,
Et pour toujours je suis à terre :
Oh! mais puis-je m'en offenser ?
Si dans son cœur je perds ma place ;
Dans le mien qui peut l'effacer ?
Et loin de lui quoiqu'il me chasse,
De là, rien ne peut le chasser :
Oui, de son cœur quoiqu'il me chasse,
Du mie.: rien ne peut le chasser.

SCÈNE VII.

YVON, LA COMTESSE, MARINETTE, *toutes deux entrent par la petite porte de droite.*

LA COMTESSE. — Ah!... Yvon... où est le comte ?.. répondez... oh! je n'ai pu tenir en place... vous, lui... tous deux partis... il se bat, n'est-ce pas ?.. Il est venu ici ?.. mais répondez donc ..
YVON. — Il y est venu.
LA COMTESSE. — Et il en est reparti.
YVON. — Oui.
LA COMTESSE. — Je crains de comprendre... Mais vous me quittez... Restez... Je veux savoir...
YVON. — Je ne puis rien vous dire, madame la comtesse... Si ce n'est qu'en m'éloignant je suis un ordre du capitaine et je lui obéis pour la dernière fois... (*Il sort*).

SCÈNE VIII.

LA COMTESSE, MARINETTE.

LA COMTESSE. — Ah! mon Dieu... il me fait frémir... Va... Marinette... Rejoins Yvon... Qu'il s'explique... Ne le quitte pas qu'il ne t'ait dit... Va donc...
MARINETTE, (*à part en sortant*). — Avec ça qu'il me reçoit bien quand je lui parle. (*Elle sort sur les pas d'Yvon*).

SCÈNE IX.

LA COMTESSE *seule, puis le* CHEVALIER.

LA COMTESSE. — Oh!..., ce doute est horrible... Henri!.. dans quel moment il est revenu!... Oh! mais il ne m'a pas cru coupable un seul instant... Il sait bien que c'est impossible... Une étourderie... une faute!... Ce voyage à Versailles... Voilà ce qu'il ne m'a pas encore pardonné, ce que je ne me pardonnerai jamais!... Surtout quand je songe... Quand je crains de deviner... Oui, oui... En ce moment lui et le chevalier sont en présence... Ils se battent! (*Voyant entrer le chevalier du fond*). Ah!... Vous l'avez tué!..
LE CHEVALIER. — Non madame... Je joue de malheur aujourd'hui, car je ne suis pas encore parvenu à rejoindre monsieur le comte.
LA COMTESSE. — Et vous ne le rejoindrez pas?
LE CHEVALIER. — C'est probable s'il continue comme il a commencé...
LA COMTESSE. — Que dites-vous!... Voyons... Je sais tout... Parlez sans crainte, sans rien me cacher...
LE CHEVALIER. — Puisque vous savez tout, madame la comtesse .. Je disais donc que je jouais de malheur, oui... Nous prenons rendez-vous à sept heures ici... pour nous couper la gorge. . Oh! puisque vous savez tout... J'arrive... Je trouve à sa place, son butor de matelot... Qui me raconte je ne sais quelle histoire... Il prétend avoir retardé les pendules du château...
LA COMTESSE. — Ce doit être la vérité, car le comte de Moranges ne s'est jamais fait attendre à un rendez-vous d'honneur.
LE CHEVALIER. — D'accord; mais il devait au moins d'après l'histoire d'Yvon, s'y trouver à huit heures... J'arrive et cette fois encore je me rencontre avec un ennemi devant lequel je n'ai qu'à rendre les armes !...
LA COMTESSE. — Oh!... Monsieur!... Oseriez-vous soupçonner le comte?
LE CHEVALIER. — De prudence?... Eh! mais je la conçois... Quand on est si heureux que lui on tient à la vie...
LA COMTESSE, (*à part*). — Quelle insolence!
LE CHEVALIER. — Je suis prêt, du reste, à la lui conserver... Je lui ferais même des excuses... Mais en revanche, belle comtesse... un regard... un mot moins cruel...
LA COMTESSE, (*à part frappé*). — Oui!... c'est une idée... Oh! qui paraîtra bizarre pour une femme... mais je le dois...
LE CHEVALIER. — Eh bien?
LA COMTESSE. — Vous me jurez que vous irez au-devant d'une réconciliation ?
LE CHEVALIER. — Si vous me jurez que ?
LA COMTESSE. — Je jure tout... Mais on vient... Entrez là...

LE CHEVALIER, (*lui embrassant la main*). — Je ne sais plus qu'obéir... (*A part*). La rusée coquette !... (*Il entre à gauche*).

LA COMTESSE, (*à part donnant un tour de clef*). — Voilà l'honneur du comte sous clef, maintenant il ne nous échappera pas.

SCÈNE X.

LA COMTESSE, le COMTE *qui entre du fond tout en désordre.*

LE COMTE. — Rien, je n'ai rien trouvé... En vain je me suis mêlé à la foule des courtisans qui assiègent les portes du palais de Versailles... Il y sera pourtant .. Pour égayer l'antichambre de mon aventure... Pour dire que je suis un lâche.

LA COMTESSE. — Il ne le dira pas !

LE COMTE. — Vous ici madame... Voilà... Voilà où m'a conduit votre fantaisie de voir Versailles.... Au déshonneur !

LA COMTESSE. — Henri, j'ai été folle, légère, inconsidérée, criminelle si tu veux... Mais Dieu m'a ménagé une expiation terrible...!Je t'aime, Henri, plus que mon existence, et j'aime ton honneur plus encore que ta vie... Écoute... Il arrive parfois, entre gentilshommes, de ces rencontres banales qui n'ont d'autre source qu'un enfantillage... Parfois aussi de ces rencontres dépendent la réputation, la pureté du nom... Alors... Il ne faut pas hésiter...

LE COMTE. — Eh! quoi, vous me soupçonnez aussi ?

LA COMTESSE. — Oh! mais je crois que vous êtes fou, Henri...Vous ne comprenez pas que je ne veux pas qu'on vous soupçonne ?... Oh! je sais qu'en pareille occasion, le rôle d'une femme ne varie pas... Elle veut empêcher le duel... Elle tremble pour les jours de son mari, quand ce n'est pas pour ceux de son amant... Elle s'évanouit... C'est l'usage... Eh! bien, je laisse ce rôle aux marquises sans cœur de la cour... Moi je suis femme d'un marin... J'ai plus de courage que cela... Je sais qu'un zèle mal inspiré a pu faire douter de vous, Henri, et je ne le veux pas... Voilà pourquoi, loin de vous arrêter, loin de vous retenir, je vous dis au contraire, il faut vous battre, monsieur le comte, et cet adversaire que vous avez perdu, (*Allant ouvrir la porte*). C'est à moi comtesse de Moranges, à vous le rendre ! (*Le chevalier paraît, les deux hommes se saluent et se regardent quelque temps en silence*).

SCÈNE XI.

LES MÊMES, *le* CHEVALIER.

LE CHEVALIER (*à part*). — Elle appelle ça nous réconcilier.

LE COMTE, (*serrant la main de la comtesse*). — Merci... vous expiez dignement vos torts, madame.

LE CHEVALIER. — Je suis à vos ordres... (*A la comtesse*) Ça fait deux fois que vous me jouez, comtesse.

LA COMTESSE, (*à part*). — Mon Dieu ! soutenez mon courage.

LE COMTE. — Venez donc !

(*Le comte et le chevalier sortent par le fond*).

SCÈNE XII.

LA COMTESSE *seule*, *puis* MARINETTE, YVON. (*Musique*).

LA COMTESSE. — Mon Dieu ! vous qui savez de quel côté est le bon droit, protégez Henri ! dirigez son bras ! et puisque vous avez voulu que notre faiblesse inventât le point d'honneur, prenez pitié de nous !... Oh ! que d'énergie... de courage il m'a fallu aussi !... Maintenant je succombe à mon émotion... Mes jambes fléchissent... Je n'y vois plus... (*Elle s'appuie contre un meuble*).

MARINETTE, *tirant Yvon par le bras, et venant de la gauche*). — Est-ce que vous croyez que je vous laisserai partir moi ? — Eh ! mais... madame... Ce trouble... Qu'avez vous...

LA COMTESSE. — Silence !... Ils se battent.

MARINETTE, (*à Yvon*). — Entendez-vous ?

YVON. — Tant mieux mille noms d'un nom !.. Car Dieu est juste.

SCÈNE XIII.

LES MÊMES, *le* COMTE.

LE COMTE, (*au fond*). — Sophie !

LA COMTESSE, *poussant un cri et courant se jeter dans ses bras*. — Ah !.., Henri !

LE COMTE. — Le chevalier a reçu une bonne leçon sur laquelle il aura loisir de réfléchir dans son lit pendant deux mois au moins...

YVON, (*à part*). — Compris... Il ne pourra pas reprendre la mer de longtemps.

LE COMTE. — Mais il faut que je te quitte... Je dois paraître à Versailles...

LA COMTESSE, (*étonnée*). — Ah ! (*Elle tourne la tête vers la fenêtre de gauche et dit à part*). Ciel !

LE COMTE. — Mais... tu as l'air troublé... Mon retour loin de te rassurer... te rend pâle et tremblante... (*A part*). Est-ce qu'elle souffrirait pour l'autre ?

LA COMTESSE. — Non, non... Tiens... tu vois... je suis joyeuse... (*A part*). Oh ! mon Dieu !... Mais je connais sa fierté... Je dois me taire... J'agirai seule...

LE COMTE. — Je te l'ai dit, il faut que je te quitte... pour quelques instants... (*A part*). Un affreux doute est entré dans mon cœur.

YVON, (*à part*). — Il ne m'a pas seulement regardé.

SCÈNE XIV.

LA COMTESSE, YVON, MARINETTE.

LA COMTESSE, (*à part*). — Oh! je me suis trompée... Là de cette fenêtre... j'ai vu... le lieutenant des maréchaux... des exempts... un carrosse... L'édit sur les duels est formel... On le conduit à la Bastille... Oh! cela ne sera pas... J'ai pensé que j'avais du courage .. Je dois le prouver encore... (*Haut*). Mes amis attendez-moi.. Ma voiture est restée au détour du chemin .. Ne me suivez pas, vous dis-je... (*A part*). Oui oui... Il faut que je le voie... Que je lui parle à tout prix.

(*Elle sort par la droite.*)

SCÈNE XV.

MARINETTE, YVON.

YVON. — Qu'est-ce que tout ça signifie?

MARINETTE. — Pardi!... Que monsieur le comte se porte bien, qu'il a rabattu l'impertinence du petit chevalier, et que vous êtes un ours, comme toujours.

YVON. — Mais le départ de la comtesse...

MARINETTE. — Ça c'est son affaire... et je ne vois rien d'extraordinaire dans tout ça.

YVON. — Ah! c'est que j'en vois partout, moi... chassé!

MARINETTE. — Voyons, voyons, mon petit Yvon, ça s'arrangera.. ça.

YVON. — Je ne vous parle pas mille tonnerres! tout est venu de vous... de vos conseils... de vos récits sur la Cour... Aussi, dans mon malheur, s'il y a quelque chose de bon, c'est que je ne vous verrai plus, que je pourrai vous oublier tout-à-fait à mon aise. (*Il va s'asseoir à gauche.*)

MARINETTE, *à part*. — M'oublier? c'est qu'il pense encore à moi... ah! quelle idée... (*Elle aperçoit la pipe et se met à la bourrer, après quoi, elle bat le briquet et l'allume.*)

YVON, *pendant ce qui précède, sans la regarder*. — Après ça, vous serez contente aussi de ne plus me voir... un homme qui a tous les défauts qui vous déplaisent le plus... un joueur... un fumeur...

MARINETTE, *s'approchant de lui et fumant*. — Cré nom d'un nom! fumez donc une pipe, ça vous remettra... elle est tout allumée.

YVON, *se retournant. Ils se regardent quelques instants en silence, puis il prend la pipe que Marinette lui tend.* — Marinette!

MARINETTE, *baissant les yeux.* — Dame?... les gens qu'on aime... on ne leur trouve plus de défauts.

YVON, *la regardant avec bonheur.* — Marinette!

MARINETTE. — Et quand bien même... ce ne serait pas encore venu... ce sentiment là...

Air : *Je sais attacher des rubans.*

Yvon, vous êtes malheureux,
Votre malheur dans mon cœur l'eût fait naître ;
Oui je le sens, j'ai repoussé vos vœux,
On ne peut pas en un jour se connaître.
Ne croyez pas que ce soit par pitié?...
De vos chagrins, quand du fond de son âme,
Elle demande la moitié,
Refuserez-vous votre femme!

YVON. — Ma femme!.. oui... c'est vrai... le capitaine consentait... il n'y avait que vous... oh! la joie... le capitaine... (*La regardant.*) Non, non... loin de moi... loin de moi, vous dis-je!.. le capitaine... vous savez bien qu'il m'a chassé.

SCÈNE XVI.

LES MÊMES, LE COMTE.

LE COMTE, *entrant et à part*. — Le lieutenant des maréchaux a reçu ma parole d'honneur... je n'entrerai que demain à la Bastille... mais implorer ma grâce! jamais! S'ils m'oublient en prison, la prochaine guerre leur fera peut-être se souvenir... (*Haut.*) Où est la comtesse?

MARINETTE. —Madame est montée en carrosse sans dire où elle allait et en défendant de la suivre.

LE COMTE, *à part*.— Est-ce qu'ils se seraient moqué de moi tous les deux.,. est-ce que réellement .. ce trouble... lorsque je lui ai appris l'issue du combat...

SCÈNE XVII.

LES MÊMES, LA COMTESSE, *tenant un papier.*

LA COMTESSE, *arrive haletante et prête à succomber à son émotion.* —Henri!.. Henri! . je sais tout... j'ai tout appris... Oh! l'émotion... je n'en puis plus...

LE COMTE. — D'où venez-vous, madame?

LA COMTESSE. — D'où je viens!.. Oh! je

tremble encore en y pensant... mais... de-là... de cette fenêtre... j'avais tout vu... j'avais deviné qu'on me prenait mon Henri... oui... la Bastille... alors... j'ai réuni mes forces... Arrivée devant le palais de Versailles.. le roi en sortait... je me suis jetée à ses pieds... Oh! sans hésiter... devant tous les courtisans .. je n'avais pas peur... j'ai trouvé une éloquence que je ne me connaissais pas... je lui ai dit : « Sire un fidèle défenseur de votre majesté « s'est battu ce matin, on l'emmène, on le « conduit à la Bastille... grâce! Sire!.. c'est « mon mari... grâce!.. ou la moitié de sa « prison. » — Son nom, m'a dit le roi : — « Le comte de Moranges. » — A ce nom, il a froncé le sourcil.—« Le comte a-t-il peur, « s'est-il écrié, que nous doutions de son « courage, pour aller ainsi se jeter au-devant « du premier étourdi venu? Son sang nous « appartient, et puisqu'il le faut, nous en se- « rons économe pour lui; relevez-vous, com- « tesse, et dites au comte, qu'en récompense « de ses loyaux services, nous le nommons à « la place vacante de gouverneur de la Mar- « tinique. Là, du moins, a-t-il ajouté, en se « tournant vers les courtisans, il ne sera plus « exposé à rencontrer des fous qui, chaque « année, par leurs duels ridicules, me pren- « nent le meilleur de mon armée. » Voilà ce que j'ai fait, Henri, et si c'est mal, gronde-moi... pourvu que tu me pardonnes après.

LE COMTE, *à part*.—Et je l'accusais! (*Haut*.) Tu es la plus digne et la plus sainte des fem-mes!.. mais malgré l'honneur du poste im-portant que je te dois, s'expatrier, Sophie, y as-tu bien pensé?

LA COMTESSE. — J'ai pensé... j'ai pensé que ma patrie serait partout où tu seras.

(*On entend une décharge de mousqueterie*.)

SCÈNE XVIII ET DERNIÈRE.

LES MÊMES, JÉROME, PETIT-JEAN, TOUT LE VILLAGE.

JÉROME, *entrant le premier*. — Ma foi, mon-sieur, le comte, malgré votre défense.. nous n'avons pu y résister.

LES AUTRES, *entrant*. — Vive monsieur le comte!

CHOEUR.

Air: *Folie orgie*, de l'Ange gardien (ou *Hommage*.)

(Perle de Morlaix, deuxième acte.)

Hommage (*bis*.)
A monseigneur,
Selon l'usage } *bis*.
Tout le village
Lui rend honneur.

(*Musique jusqu'à la reprise*.)

LE COMTE, *à Yvon*. — Qu'est-ce que tu fais là-bas dans un coin, toi.

YVON. — J'attends que vous me chassiez de nouveau, pour être bien sûr que je ne rêve pas.

LE COMTE. — Tu es un imbécile...

YVON. — Oui, capitaine.

LE COMTE. — Mais un brave garçon.

YVON. — Oh! oui capitaine.

LE COMTE. — Approche... ta main. Je ne t'en veux plus.

YVON. — Il l'a dit... Vive Jean Bart!

LE COMTE. — Et une autre fois laisse à l'hor-loger le soin d'arranger les pendules.

YVON. — Dites-donc, capitaine... elle con-sent à présent.

MARINETTE. — Oui, oui, oui.

LE CAPITAINE. — En ce cas, si vous êtes sages pendant la traversée, nous reparlerons de ça à la Martinique.

MARINETTE, *à Yvon*. — Le brick s'est ren-du.

YVON, *la prenant par-dessous le bras*. — Je tiens ma frégate.

REPRISE DU CHOEUR

La toile tombe.

FIN.

Saint-Denis-du-Port, près LAGNY. — Imprimerie hydraulique de GIROUX et VIALAT.

EN VENTE CHEZ LE MÊME ÉDITEUR.

Titre	Prix	Titre	Prix	Titre	Prix
La Marquise de Sennelerre.	1 »	Touboulic le Cruel.	40	Paris à tous les Diables.	60
L'Aïeule.	60	Hermance.	60	Une Averse.	50
Un Monstre de femme.	40	Ganuts.	50	Madame de Cérigny.	60
Endymion.	40	Entre Ciel et Terre.	40	Le Fiacre et le Parapluie.	40
Charles-Quint, opéra-com.	60	L'homme de Paille.	40	La Morale en action.	50
Le vicomte de Létorières.	60	La Fille de Figaro.	60	L'Habeas Corpus.	50
Les Fées de Paris.	50	Mélier et Quenouille.	50	Le Prince Toutou.	40
Pour mon fils.	50	Angélique et Médor.	50	Mimi Pinson.	50
Lucienne.	50	Loïsa.	60	L'Article 170.	60
Les jolies Filles de Stilberg.	40	Jocrisse en Famille.	40	Le Tuteur de vingt ans.	60
L'Enfant de chœur.	50	L'autre Part du Diable.	40	Les Deux Pierrots.	50
Le Grand-Palatin.	60	La chasse aux Belles Filles.	60	Les Viveurs.	60
La Tante mal gardée.	40	La Salle d'Armes.	40	Le Poisson d'avril.	50
Les Circonstances.	40	Une Femme compromise.	60	Le Seigneur des Broussailles.	50
La Chasse aux vautours.	40	Patineau.	50	Constant-la-Giroueite.	40
Les Batignollaises.	40	Madame Roland.	60	Les deux Tambours.	50
Une Femme sous les scellés.	50	L'esclave du Camoëns.	50	L'Amour dans tous les quartiers.	60
Les Aides-de-camp.	50	Les Réparations.	50		
Carabins et Carabines.	50	Le mariage du gamin de Paris.	50	Madame Bugolin.	50
Le Mari à l'essai.	40	La Veille du Mariage.	40	Le Petit-Poucet.	60
Chez un Garçon.	40	Paris bloqué.	60	Camoëns.	60
Jaket's-Club.	40	Ménage Parisien.	1 »	L'escadron volant de la reine.	50
Mérovée.	50	La Bonbonnière.	50	Le Lansquenet et les chemins de fer.	50
Les deux Couronnes.	60	Adrien.	50		
Au Croissant d'argent.	50	Les deux Paires de Bretelles.	50	Une Voix.	50
Le Château de la Roche-Noire	40	Le Major Cravachon.	40	Agnès Bernau.	60
Mon illustre Ami.	40	Pierre le millionnaire.	60	Monsieur et Madame Denis.	50
Le premier Chapitre.	50	Carlo et Carlin.	60	Porthos.	50
Francine la gantière.	50	Le Moyen le plus sûr.	50	La Pêche aux Beaux-Pères.	60
Talma en congé.	40	Le Papillon Jaune et Bleu.	50	La Révolte des Marmouzets.	40
L'Omelette fantastique.	50	La Polka en province.	50	Le troisième Mari.	50
La Dragonne.	50	Une Séparation.	40	Un premier souper de Louis XV	50
La Sœur de la Reine.	60	La peau du Lion.	60	L'Homme et la Mode.	60
La Vendetta.	50	Le roi Dagobert.	60	Une Confidence.	60
Le Poète.	50	Frère Galfâtre.	60	Le Ménétrier.	60
Les Informations conjugales.	50	Nicaise à Paris.	40	L'almanach des 25,000 adresses	60
Une Maîtresse anonyme.	50	Le Client.	50	Une histoire de voleurs.	50
Le Loup dans la bergerie.	50	Le Troubadour-Omnibus.	50	Les Murs ont des oreilles.	60
L'Hôtel de Rambouillet.	60	Un Mystère.	60	La Charbonnière.	60
Les Deux Impératrices.	60	Le Billet de faire part.	60	Le Code des Femmes.	50
La Caisse d'Épargne.	60	Fiorina.	60	On demande des Professeurs.	50
Thomas le Rageur.	50	Pulcinella.	60	Le Pot aux Roses.	50
Derrière l'Alcôve.	30	Les Marocaines.	50	La grande et les petites Bourses.	50
La Villa Duflot.	50	La Sainte-Cécile.	60	L'Enfant de la Maison.	50
Péroline.	50	Follette.	50	Un Souper sous la Régence.	40
Une Femme à la Mode.	40	Deux Filles à marier.	50	Riche d'Amour.	60
Les Égarements d'une Canne et d'un parapluie.	40	Monseigneur.	60	La comtesse de Morange.	60
		A la Belle Étoile.	30	La Gloire et le Pot-au-Feu.	
Les Deux Ânes.	50	Deux Papas très bien.	50		
Foliquet, coiffeur des dames.	50	Un Ange tutélaire.	50		
L'Anneau d'Argent.	40	Wallace.	60		
Recette contre l'Embonpoint.	50	Un jour de Liberté.	60		
Don Pasquale.	40	L'Écolier d'Oxfort.	40		
Mademoiselle Déjazet au sérail.	40	L'Oiseau du Bocage.	40		

En vente, chez le même Éditeur :

ŒUVRES COMPLÈTES DE M. EUGÈNE SCRIBE,

5 vol. grand in-8 à colonnes, édition Furne,
avec 180 jolies vignettes en taille-douce, de MM. Alfred et Tony Joannot
Gavarni, etc. — Prix : 60 fr. net : 30 fr.

IMPRIMERIE HYDRAULIQUE DE GIROUX ET VIALAT, Saint-Denis-du-Port, près Lagny.

www.ingramcontent.com/pod-product-compliance
Lightning Source LLC
Chambersburg PA
CBHW062001070426
42451CB00012BA/2476